INHALT

Vorwort

Hans Urs von Balthasar, der Begründer und langjährige Leiter des Johannes Verlags Einsiedeln, hatte vor seinem Heimgang noch festgehalten, in naher Zukunft solle eine Schrift von Friedrich Spee in das Verlagsprogramm aufgenommen werden. Nach Kenntnis der Werke Spees und nach der Lage ihrer Veröffentlichung kann kein Zweifel bestehen, daß er dabei an das »Güldene Tugend-Buch« gedacht hat. Die Leitung des Verlages erfüllt also mit dieser Ausgabe gleichsam ein Vermächtnis, und es ist ein glückliches Zusammentreffen, daß dies gerade zum 400. Geburtstag von Friedrich Spee am 25. Februar 1991 geschehen kann.

Damit liegen die Werke Spees nun mit Ausnahme einer Anzahl seiner Lieder, die nach 1623 geschaffen und nicht in die »Trutz-Nachtigall« aufgenommen worden sind, sowohl in historisch-kritischen wie auch in allgemein zugänglichen Ausgaben vor. Nicht wenige seiner Kirchenlieder aber finden sich – wegen des damaligen Standes der Forschung zum Teil noch ohne Angabe des Dichternamens – in dem seit 1975 in den Diözesen des deutschen Sprachraumes eingeführten offiziellen Gesangbuch »Gotteslob«. So kann der interessierte Leser die ganze faszinierende Spannweite dieses überragenden Geistes jetzt unmittelbar aus seinen Schriften erfahren: die scharfsinnige Dialektik des Verfassers der »Cautio Criminalis« gegen das Unrecht der Hexenprozesse, dem nichts entgeht und der nichts hingehen läßt; die sensiblen und oft zärtlichen Töne der

Jesusminne in der Lyrik seiner »Trutz-Nachtigall« und nun die geistlichen Anregungen des Ignatius-Schülers zu einer vertieften christlichen Existenz in Glaube, Hoffnung und Liebe, den »güldenen« (= goldenen, alles andere überragenden) christlichen Grundkräften und -haltungen, von denen Paulus sagt: »Für jetzt bleiben Glaube, Hoffnung, Liebe, diese drei; doch am größten unter ihnen ist die Liebe« (1 Kor 13,13).

Vielleicht ist der Leser geneigt, sich die Worte des Kölner Verlegers Wilhelm Friessem zu eigen zu machen, die er in der Widmung der zweiten Auflage des »Güldenen Tugend-Buches« vom Jahre 1656 an Spee richtet: »Du wollest unser aller Fürsprecher beim himmlischen Vater sein, damit wir einen Teil deiner brennenden Liebe zu Gott und dem Nächsten und deines Geistes erhalten«.

Trier, im Advent 1990 Der Herausgeber

Einführung

Friedrich Spee von Langenfeld hat seine Werke nicht nach einem vorgefaßten Programm verfaßt. Sie sind als Gelegenheitsschriften eines engagierten Seelsorgers entstanden. Was ihn dabei in besonderer Weise auszeichnet, ist seine Fähigkeit, in den unterschiedlichen Situationen, in die er gestellt wird, neben den ihm übertragenen Aufgaben immer wieder neue Initiativen zu entwickeln, die zwar aus seiner Alltagsarbeit erwachsen, diese aber an Bedeutung weit übertreffen. So entstehen seine Kirchenlieder als belebendes und vertiefendes Element der Jugendkatechese, damit die christliche Botschaft nicht nur den Verstand, sondern auch das Herz erreiche.[1] Seine Kampfschrift »Cautio Criminalis« gegen Hexenwahn und Hexenprozesse wird aus der Gewissensnot des Beichtvaters geboren, der erkennt, daß hier unschuldige Menschen unter furchtbaren leiblichen und seelischen Qualen zu Tode gebracht werden.[2] Nachdem er seine dichterischen Fähigkeiten in mehr als hundert Kirchenliedern erprobt hat, will er der deutschen Sprache, die bei den Dichtern und allgemein bei den Gebildeten seiner Zeit weithin noch verpönt ist, stärker zu ihrem Recht verhelfen. So verfaßt

1 Vgl. Anton Arens, Friedrich Spee als Dichter im Dienst der Seelsorge. In: Friedrich Spee im Licht der Wissenschaften. Hrsg. von Anton Arens (Quellen und Abhandlungen zur mittelrheinischen Kirchengeschichte, Bd. 49), Mainz 1984, S. 95-133.

2 Vgl. Friedrich von Spee, Cautio Criminalis oder Rechtliches Bedenken wegen der Hexenprozesse. Übersetzt von Joachim-Friedrich Ritter, Weimar 1939. Nachdruck München 1982. 5. Aufl., München 1987, bes. S. 93.

er die Gedichte und Lieder der »Trutz-Nachtigall«, seines poetischen Hauptwerkes, damit Gott auch »in Teutscher Spraach seine Sänger und Poeten hätte«.[3] Beim »Güldenen Tugend-Buch« ist der Charakter einer Gelegenheitsschrift am deutlichsten greifbar, sagt Spee doch selbst, dieses Werk schreibe er auf Bitten einer Frau, um ihr eine Anleitung für die tägliche Betrachtung zu geben.[4]

Die näheren Umstände der Entstehungsgeschichte dieser Gelegenheitsschriften sind weithin noch ungeklärt. Auf den ersten Blick scheinen sie beim »Güldenen Tugend-Buch« offenkundiger zu sein als bei den anderen Werken, weil Spee selbst nähere Aussagen darüber macht. Gerade diese »anekdotisch anmutende Darstellung« aber wird von namhaften Forschern als literarische Fiktion betrachtet.[5]

Die Frage, aus welchem Anlaß und für welche Leser Spee das Buch verfaßt hat, ist aber für das Verständnis des Werkes insgesamt wie auch für die Interpretation vieler Einzeltexte von großer Bedeutung.

Zur Erhellung der Entstehungsgeschichte des »Güldenen Tugend-Buches« wird im folgenden nach einer Skizze des dramatischem Lebens und Wirkens Spees

[3] Friedrich Spee, Trutz-Nachtigall. Hrsg. von Theo G.M. van Oorschot (Friedrich Spee, Sämtliche Schriften. Historisch-kritische Ausgabe, Bd. 1), München 1985, S. 11.

[4] Vgl. Friedrich Spee, Güldenes Tugend-Buch. Hrsg. von Theo G.M. van Oorschot (Friedrich Spee, Sämtliche Schriften. Historisch-kritische Ausgabe, Bd. 2), München 1968, S. 13.

[5] Vgl. Emmy Rosenfeld, Friedrich Spee von Langenfeld. Eine Stimme in der Wüste (Quellen und Forschungen zur Sprach- und Kulturgeschichte der germanischen Völker, NF. Bd. 2), Berlin 1958, S. 117f. Theo G.M. van Oorschot, Friedrich Spees Güldenes Tugend-Buch. II. Literarhistorische Abhandlung. Nijmegen 1968, S. 29f.

zunächst das weitere kirchengeschichtliche Umfeld betrachtet, dem die konkrete Zielgruppe zuzurechnen ist, für die er neben seiner Aufgabe als Vertreter eines erkrankten Philosophieprofessors Ende 1627 bis Ende 1628 in Köln einen Seelsorgsauftrag wahrzunehmen hat. Vor diesem Hintergrund wird dann versucht, einen tieferen Einblick in die Entstehungsgeschichte, den Inhalt und die Methode des »Güldenen Tugend-Buches« zu vermitteln.

Friedrich Spees Leben und Wirken[6]

Am 25. Februar 1591 wird Friedrich Spee als ältester Sohn des Burgvogts und Amtmanns Peter Spee von Langenfeld in Kaiserswerth bei Düsseldorf geboren. Mit seinen vier Geschwistern verbringt er seine frühe Jugend dort in der alten, von Friedrich Barbarossa befestigten Kaiserpfalz, bis seine Eltern ihn zu den Gymnasialstudien an das Jesuitengymnasium in Köln schikken, vermutlich in der Absicht, ihm dadurch in der Nachfolge seines Vaters eine politische Laufbahn zu ermöglichen. Wie seine späteren Schriften zeigen, erhält er in Köln eine hervorragende humanistische Ausbildung. Gleichzeitig erfährt er dort eine starke Prägung durch eine unter dem Patronat des Erzengels Michael stehende, religiös und sozial ausgerichtete Jugendorganisation, in der die Schüler ein differenziertes System der Selbstverwaltung pflegen können und früh zur Entfaltung eigener Initiativen angeregt werden.

6 Die Belege zu den folgenden biographischen Angaben finden sich in: Anton Arens, Friedrich Spee von Langenfeld. »Hexenanwalt«, Dichter und Seelsorger. In: Kurtrierisches Jahrbuch 25 (1985) S. 91-112.

Nach der Gymnasialzeit studiert er zunächst zwei Jahre Rechtswissenschaften an der Kölner Universität, bis er sich mit neunzehn Jahren gegen den Wunsch seiner Eltern entschließt, in den Jesuitenorden einzutreten. Sein Wunschtraum ist die Mission in Indien. Im Jahre 1610 beginnt er sein Noviziat in Trier, wo er neben der Einführung in das Ordensleben erste Erfahrungen in der Glaubensunterweisung der Jugend sammelt, zugleich aber auch mit dem Unwesen der Hexenprozesse konfrontiert wird. Trier hatte einen besonders spektakulären Hexenprozeß erlebt, der zwar schon einige Zeit zurücklag, aber immer noch in aller Munde war. Dr. Dietrich Flade, der reichste Mann der Stadt, Professor an der juristischen Fakultät der Trierer Universität und zeitweilig ihr Rektor, Kurfürstlicher Richter und Stadtschultheiß, hatte sein Ende nach jahrelangem Prozeß als Hexer auf dem Scheiterhaufen gefunden. Spee hörte von dem Trierer Theologieprofessor Cornelius Loos, dessen Thesen gegen den Hexenwahn völlig wirkungslos geblieben waren, ihn selbst aber aller Wahrscheinlichkeit nach auf den Scheiterhaufen gebracht hätten, wäre er nicht vor seiner Verurteilung im Kerker gestorben. Diese Erfahrungen dürften bei dem jungen Spee tiefe Eindrücke hinterlassen haben.

Noch vor Abschluß der zweijährigen Probezeit muß er mit seinen etwa hundert jungen Gefährten fluchtartig nach Fulda übersiedeln, weil Trier von einer Welle der Pest heimgesucht wird. Dort legt er auch seine ersten Ordensgelübde ab; die letzten Gelübde werden ihm stets versagt bleiben. Während seines anschließenden Philosophiestudiums in Würzburg lernt er den begnadeten Katecheten P. Georg Vogler kennen, der es versteht, die Kinder vor allem durch seine Katechismusgesänge und seine katechetischen Spiele für die Glaubensunterweisung zu begeistern. Aber auch hier hört er immer wieder von Hexenprozessen und Hinrichtungen auf dem Scheiterhaufen.

Nach dem bis heute üblichen Ausbildungsgang der Jesuiten folgen im Anschluß an das Philosophiestudium einige Jahre der Jugendarbeit. Spee wird Gymnasiallehrer und Jugendseelsorger in Speyer und Worms. Er leitet nun selbst eine dem Erzengel Michael geweihte Jugendorganisation. Vermutlich hat er in dieser Zeit sein erstes, noch heute bekanntes Lied »Unüberwindlich starker Held, St. Michael« als eine Art »Vereinslied« für diese Jungengemeinschaft geschaffen.

Im Jahre 1617 bietet er sich dem Ordensgeneral in Rom für die Indienmission an, wird aber mit dem Hinweis auf das wichtige Arbeitsfeld des Ordens in Deutschland abgewiesen. Bereits während der folgenden theologischen Studienjahre in Mainz erscheinen in Würzburg vier Liederdrucke aus seiner Feder, darin das bis heute in den Gemeinden der beiden christlichen Konfessionen beliebte Adventslied »O Heiland, reiß die Himmel auf«. Eine erste Sammelpublikation, die kurz nach seiner Priesterweihe 1623 in Köln erscheint, umfaßt mehr als hundert seiner Lieder. Berücksichtigt man nicht nur die Stammausgabe, sondern auch die diözesanen Teile des seit 1975 im ganzen deutschen Sprachraum eingeführten Gesangbuches »Gotteslob«, so steht Spee mit vierundzwanzig Liedern an der Spitze aller darin vertretenen Kirchenlieddichter.

Nach Abschluß seiner theologischen Studien wird Spee sogleich als Professor der Philosophie an der Universität Paderborn eingesetzt. Zudem ist er hier als Katechet an der Marktkirche St. Pankraz tätig und kann mehrere adelige Familien der Umgebung für den katholischen Glauben zurückgewinnen. Inzwischen sind allenthalben die Söldner des Dreißigjährigen Krieges im Land, darunter viele Italiener. Als im Jahre 1626 Spees drittes Ausbildungsjahr (Tertiat) ansteht, möchte er in dieser Zeit neben seinen anderen Aufgaben in Italien die italienische Sprache erlernen, um sich später dieser Söldner als Seelsorger besser annehmen zu können. Der römische Ordensgeneral gibt seine Erlaubnis dazu und besorgt ihm sogar einen Platz im Kolleg zu Mailand, der deutsche Provinzial aber weiß dieses Vorhaben zu durchkreuzen und schickt Spee zum Tertiat nach Speyer: einer der vielen Konflikte, die Spee mit seinen Ordensoberen zu bestehen hat.

An das Tertiat schließt sich für Spee die Vertretung eines erkrankten Philosophieprofessors in Köln an. Zudem wird ihm die seelsorgliche Begleitung einer Frauengemeinschaft übertragen, die den Jesuiten in der Katechese zur Seite steht und sich vor allem der schulischen Unterweisung und der christlichen Erziehung der Frauenjugend widmet. Diesen Damen übergibt er allwöchentlich eine Anleitung zur Betrachtung. Aus den vielen Handreichungen des Kölner Aufenthaltes 1627/28 erwächst – wie später näher darzulegen ist – sein »Güldenes Tugend-Buch«.

In dieser Zeit führen einige Mitglieder seines Ordens beim Ordensgeneral Beschwerde gegen Spee. Es geht um Äußerungen gegenüber seinen Studenten, in denen er Kritik am Verhalten der Jesuiten in der Armutsfrage übt. Vermutlich bieten diese und ähnliche Beschwerden den Anlaß zu seiner Versetzung in das Amt Peine bei Hildesheim, wo ihn die schwierige Aufgabe erwartet, diese Stadt mit etwa dreißig Ortschaften wieder zum katholischen Glauben zurückzuführen. Nachdem er diesen Auftrag im wesentlichen erfüllt hat, entgeht er mit knapper Not am 28. April 1629 einem Mordanschlag, von dessen Verletzungen er sich erst nach Monaten erholt; als Folge davon hat er sein Leben lang unter starken Kopfschmerzen zu leiden.

Sein neuer Einsatz führt ihn wieder nach Paderborn, dieses Mal als Professor der Moraltheologie. Inzwischen ist es ihm als Beichtvater vieler als Hexen verurteilter Frauen zur Gewißheit geworden, daß hier Unschuldige qualvoll zu Tode gebracht werden. »Persönlich kann ich unter Eid bezeugen, daß ich jedenfalls bis jetzt noch keine verurteilte Hexe zum Scheiterhaufen geleitet habe, von der ich ... aus Überzeugung hätte sagen können, sie sei schuldig gewesen«. Diese Erfahrung läßt ihn nicht mehr zur Ruhe kommen. »Gott weiß es, wie oft ich das ... in durchwachten Nächten überdacht habe und mir doch kein Mittel einfallen wollte, der Wucht der öffentlichen Meinung Einhalt zu gebieten ... Das Amt des Geistlichen ist (vergleichbar dem eines Wachhundes): mit seinem Bellen sogar die Könige zu erschrecken und sie aus dem Schlaf zu wecken, wenn in der Nacht Gefahr droht. Es gebührt mir nicht, unter denen zu sein, die der Prophet (Jes 56,10f.) ›stumme Hunde‹ heißt, die nicht zu bellen wissen«. Aus dieser Überzeugung macht er auch vor seinen Studenten keinen Hehl. So wird er mitten in seinem ersten Studienjahr als Professor der Moraltheologie – noch bevor man von seiner »Cautio Criminalis« weiß, an der er insgeheim schreibt – seines Amtes enthoben. In dieser Kampfschrift wendet er sich vor allem an die Fürsten und an die Magistrate der Städte, die für die Gesetze und für die Durchführung der Hexenprozesse verantwortlich sind. Er übt aber auch scharfe Kritik an den Geistlichen und an den Juristen. Er prangert die Praxis an, Menschen auf eine bloße, vielfach anonyme Verdächtigung hin einkerkern und foltern zu lassen. Er fordert für jeden Angeklagten einen Verteidiger, notfalls sogar einen Pflichtverteidiger und vertritt die sogenannte Unschuldsvermutung, nach der jeder so lange für unschuldig gelten muß, als seine Schuld nicht gerichtlich bewiesen ist. Manche dieser Forderungen Spees sind erst im Laufe des 19. Jahrhunderts Allgemeingut der Rechtsprechung geworden. Vor allem aber kämpft Spee gegen die Folter. »Die Folter ist völlig abzuschaffen und nicht mehr anzuwenden ... Wehe dem, der einmal den Fuß in die Folterkammer gesetzt hat; er wird ihn niemals zurückziehen können, ohne alles zu gestehen, was man sich nur ausdenken kann ... So hat sich neulich der Inquisitor eines mächtigen Fürsten beim Trunk mit vollem Recht zu rühmen gewagt: wenn der Papst selber ihm unter seine Hände und Folterwerkzeuge geriete, so würde auch er am Ende gestehen, ein Hexenmeister zu sein«.

Als diese Kampfschrift 1631 anonym erscheint, löst sie bei den einen Begeisterung, bei den andern einen Sturm der Entrüstung aus. In kirchlichen Kreisen ist Spee bald als Verfasser bekannt. Der Paderborner Weihbischof Johannes Pelcking schreibt an den Fürstbischof von Osnabrück Franz Wilhelm von Wartenberg, ein Jesuit namens Spee habe ein »Buch wie die Pest« (*pestilentissimus liber*) herausgegeben. Der Philosoph Gottfried Wilhelm Leibniz soll das Werk später gerühmt haben als »das männlichst Buch, das je der Feder eines Kämpfers für Wahrheit und Recht gegen Lüge und Unrecht entflossen ist«.

Spee wird nach Köln versetzt, wo er gute Freunde, aber auch erbitterte Gegner findet. Sein Professorenkollege P. Peter Roestius droht, das Buch auf den Index der verbotenen Bücher zu bringen; das hätte aller Wahrscheinlichkeit nach den Hexenprozeß gegen Spee ausgelöst. Der Ordensgeneral in Rom nimmt ihn zunächst in Schutz. Als aber im kommenden Jahr eine zweite Auflage mit verschärfenden Ergänzungen aus der Feder Spees erscheint, gerät der Orden unter politischen Druck, so daß auch der Generalobere Spee nicht mehr halten kann. Er weist den Kölner Provinzial Goswin Nickel an, Spee zum Austritt aus dem Orden zu bewegen; andernfalls solle er ihn entlassen. Dieser mutige Mann jedoch, der später selbst Ordensgeneral wird, steht auf der Seite Spees und zieht ihn aus der Schußlinie der Anfeindungen, indem er ihn in das unmittelbare Kriegsgebiet jener Tage, nach Trier, versetzt. Nachdem hier die Kriegsunruhen verebbt sind, kann Spee an der Trierer Universität wieder als Professor der Moraltheologie wirken. Zwei Jahre später wird ihm sogar der Lehrstuhl für die Exegese der Hl.Schrift übertragen. Dieser Wechsel bedeutet nach damaligem Brauch im Jesuitenorden Anerkennung und Aufstieg und damit zugleich Spees Rehabilitierung.

In den wenigen Jahren, die ihm noch vergönnt sind, vollendet er sein poetisches Hauptwerk, die »Trutz-

Nachtigall«. Mit der »Trutz-Nachtigall« gilt Spee als einer der größten Barocklyriker.

Als Trier im März 1635 wieder Kriegsschauplatz wird, nimmt Spee sich als Seelsorger und Pfleger der verwundeten und kranken Soldaten an. Auch durch eine von den Soldaten eingeschleppte Seuche läßt er sich von diesem Dienst nicht abhalten, obwohl er sehr wohl um die Gefahr weiß. So wird er selbst von der Seuche infiziert und stirbt nach wenigen Tagen am 7. August 1635 im Alter von vierundvierzig Jahren. Wegen der Ansteckungsgefahr bestattet man ihn noch am gleichen Tag als einen der ersten in der Totengruft des Kollegs unter der Trierer Jesuitenkirche. Erst im Jahre 1980 wurde sein Grab wiederentdeckt.

Zur Entstehungsgeschichte des Güldenen Tugend-Buches[7]

Spee schreibt in der Einleitung des »Güldenen Tugend-Buches«, »eine gottliebende meine geistliche Tochter« wie auch andere seiner Beichtkinder hätten ihn gebeten, ihnen ein Jahr lang schriftliche Anleitungen für die tägliche Betrachtung zu geben. Er habe zuerst Bedenken gehabt, diese Bitte zu erfüllen, aber nachdem es der Bittstellerin sogar gelungen sei, seinen Ordensoberen für dieses Vorhaben zu gewinnen, wolle er ihrem Ansinnen entsprechen und ihr jeden Samstag eine geistliche Übung für die kommende Woche über-

7 Eingehendere Ausführungen und Belege zu diesem Kapitel finden sich in: Anton Arens, Friedrich Spee und die »Jesuitinnen« von Köln. Zur Entstehungsgeschichte des Güldenen Tugend-Buches. In: Karl Hillenbrand/Medard Kehl (Hrsg.), Du führst mich hinaus ins Weite. Würzburg 1990, S. 405-436.

reichen. »Wenn das Jahr um sein wird, wirst du der Zettel ziemlich viel haben; und so hast du dann ... ein guldenes Tugendbuch, das heißt, einen feinen Schatz für dein ganzes Leben, für dich und für andere«.

Diese Darstellung galt bei den Forschern bis vor kurzem in zweifacher Hinsicht als literarische Fiktion. Die »anekdotisch anmutende Schilderung« der Entstehung aus einer Vielzahl von einzelnen Zetteln wurde eher als eine Legende betrachtet, die sich vielleicht sogar erst nach dem Tode des Dichters in der Ordenstradition herausgebildet habe (Emmy Rosenfeld). Gegen eine einzige Person als Adressatin schien zu sprechen, daß Spee sich in diesem Werk an Frauen in ganz unterschiedlichen Lebenssituationen wendet, so daß man annahm, viele Meditationen des »Güldenen Tugend-Buches« seien bereits früher für andere Personen geschrieben worden, bevor Spee sie dann auf Bitten dieser Frau zu einem Buch zusammengefaßt habe (Theo van Oorschot).

Nun konnte aufgrund eingehender Quellenstudien nachgewiesen werden, daß Spees Angaben über die konkreten Entstehungsverhältnisse des »Güldenen Tugend-Buches« durchaus wörtlich zu nehmen sind. Die von Spee erwähnte Dame hat ihre Bitte um Betrachtungshilfen nicht – wie bisher angenommen – als fromme Privatperson an Spee und seinen Oberen herangetragen, sondern als Leiterin einer Frauengemeinschaft, die sich 1606 aus der großen Bruderschaft St. Ursula zu Köln herausgebildet hatte. Ziel dieser Gemeinschaft war es, ein intensives religiöses Leben zu führen und apostolische Aufgaben zu übernehmen, vor allem in der Erziehung und Bildung der Frauenjugend. Gründerin der Gemeinschaft, die sich »Gesellschaft St. Ursula« nannte, war die aus Aachen stammende, um 1603 wegen der Pest nach Köln übergesiedelte reiche Witwe Ida Schnabels, geborene Dülman. Nach fünfzehnmaliger jährlicher Wiederwahl wurde sie schließlich zur Leiterin auf Lebenszeit bestellt und hat vierzig Jahre hindurch die Entwicklung dieser Frauengemeinschaft wesentlich bestimmt. Der Vorgesetzte, von dem Frau Schnabels die Zustimmung erwirkte, daß Spee für ihre Gemeinschaft regelmäßige Betrachtungshilfen schreiben konnte, war der damalige Superior des Kölner Jesuitenkollegs Goswin Nickel, der wenige Jahre später als Provinzoberer der niederrheinischen Jesuitenprovinz bei den Auseinandersetzungen um die »Cautio Criminalis« und um Spees Entlassung oder Verbleib im Orden zu ihm hielt und von 1652 bis 1661 als erster deutscher Ordensgeneral an der Spitze der Gesellschaft Jesu stehen sollte.

Die Kölner Gesellschaft St. Ursula ist Teil einer apostolischen Frauenbewegung der frühen Neuzeit, die bisher kaum bekannt und auch erst in Ansätzen erforscht ist. Der französische Historiker Jean Calvet sagt: »Die Geschichte dieser Frauenbewegung verdiente eingehende Studien, die selbst für solche eine Offenbarung erbringen würden, die die Geschichte zu kennen glauben«. Allein in den sieben Jahren von 1605 bis 1611 haben sich in sechs europäischen Ländern unabhängig voneinander und in je eigener Ausprägung zwölf solcher Gemeinschaften gebildet, die durch eine bewußte Übernahme der Gestaltprinzipien geprägt sind, die Ignatius von Loyola für die Gesellschaft Jesu vorgesehen und zum Teil unter großen Schwierigkeiten erkämpft hatte. Ähnliche Stiftungen sind von anderen großen Anregerinnen und Anregern jener Zeit ausgegangen wie Franziska Frémiot von Chantal und Franz von Sales, Alix le Clerc und Peter Fourier, Louise de Marillac und Vinzenz von Paul, Peter von Bérulle, Johannes Eudes und anderen. Eine Vorstellung von der Größenordnung dieser Frauenbewegung mag die Tatsache vermitteln, daß sowohl die französischen Ursulinen von 1592 bis 1634 wie auch die von Franziska Frémiot von Chantal gegründeten Salesianerinnen bis zum Tode der Stifterin (1641) je über achtzig selbständige Gemeinschaften aufzuweisen haben.

Charakteristisch für diese Gemeinschaften ist die Verbindung eines intensiven religiösen Lebens mit verschiedenen Formen des Apostolates. Um die notwendige Bewegungsfreiheit für ihren sozialen und apostolischen Einsatz zu haben, lehnen sie die mit den damaligen Frauenklöstern verbundenen Verpflichtungen der Klausur, der feierlichen Ordensgelübde, der Teilnahme am gemeinsamen Chorgebet und der Festlegung auf eine verbindliche Ordenstracht ab. Mit Ausnahme der feierlichen Ordensgelübde entsprechen diese Prinzipien sämtlich den als revolutionär empfundenen Neuerungen, die für den Jesuitenorden charakteristisch waren. Was aber der Männergemeinschaft der Gesellschaft Jesu schließlich zugestanden worden war, durfte nach der Auffassung der Verantwortlichen in der Kirche nicht für Frauengemeinschaften gelten. So kam es, daß viele dieser verheißungsvollen Ansätze durch eine unerleuchtete Reformbewegung, die nur klausurierte Nonnenklöster als legitim ansah, auf vielfältige Weise verdächtigt, unterdrückt und – wie im Falle von Mary

Ward (1585-1645) und ihrer Gründung – systematisch zugrundegerichtet worden sind, sofern sie nicht bereit waren, entgegen ihrer ursprünglichen Konzeption die klösterliche Klausur mit ihren einengenden Verpflichtungen zu übernehmen. Joseph Grisar, einer der wenigen Historiker, die sich intensiv mit dieser Frauenbewegung befaßt haben, kommt zu dem Schluß: »Es ist eine wahre Tragik, daß im 16. und 17. Jahrhundert die apostolischen Laueninstitute, bei denen sich damals so hoffnungsvolle Kräfte regten und die bereit waren, der bedrängten Kirche Dienste zu leisten, die auch die Priester nicht in gleicher Weise verrichten konnten, von weiten Kreisen des Klerus bis hinauf zu dessen höchster Spitze Verkennung, Mißbilligung und Verfolgung zu erleiden hatten. Es ist kaum zu verstehen, daß man das Gute, das sie zu leisten begonnen hatten, nicht erkannte und auf Grund von Satzungen, die zum guten Teil aus den Ideen einer vergangenen Zeit geschöpft waren, ihre Ausrottung geradezu als religiöse Pflicht ansah«.

Die Kölner Frauengemeinschaft St. Ursula blieb von solchen Beeinträchtigungen vermutlich deshalb verschont, weil es ihr durch die Vermittlung von Johannes Copper, dem damaligen Rektor des Kölner Jesuitenkollegs und späteren Provinzial der Rheinischen Provinz, gelungen war, frühzeitig eine gewisse päpstliche Anerkennung zu erlangen. Zur Zeit Spees dürften der Gemeinschaft bereits über dreihundert Jungfrauen, Witwen und Ehefrauen angehört haben. Die meisten wohnten in ihren Familien, manche auch in kleinen Gemeinschaften in mehreren Häusern der Stadt. Viele legten privat das Gelübde der Keuschheit ab, zunächst nicht selten für eine bestimmte Zeit. Der Geist der Armut und des Gehorsams wurde gepflegt, allerdings nicht unter der Verpflichtung von Gelübden.

Mit dieser Lebensform konnte und wollte die Frauengemeinschaft St. Ursula nicht dem Ordensstand zugerechnet werden, durch ihr intensives religiöses Leben jedoch, vielfach verbunden mit dem Gelübde der Keuschheit, und durch ihr pastorales Wirken hob sie sich deutlich vom Laienstand ab. Spee umschreibt ihre Stellung zwischen den beiden traditionellen Ständen als »einen gewissen oder geistlichen Mittelstand«, dessen Mitglieder er im Titel des »Güldenen Tugend-Buches« als »welt-geistliche Personen« bezeichnet. In die theologische Auseinandersetzung, ob es berechtigt sei, hier von einem eigenen Stand zu sprechen, greift später Spees berühmter Schüler Hermann Busenbaum im positiven Sinne mit einem umfangreichen Werk ein.[8]

Neben der Fürsorge für Arme und Kranke sahen die Frauen der Gesellschaft St. Ursula ihre Hauptaufgabe in der Zusammenarbeit mit den Jesuiten bei der Glaubensunterweisung der Jugend, vor allem der Mädchen. Sie waren jeweils in Gruppen von sechs bis vierzehn Frauen an den katechetischen Zentren der Stadt tätig. Als von 1625 an in verschiedenen Teilen der Stadt Mädchenschulen gegründet wurden, übernahmen sie die Leitung und den Unterricht. Bald waren sie auch weit über Köln hinaus in den Schulen tätig, so z.B. in Ahrweiler, Bernkastel, Bonn, Düsseldorf, Emmerich,

8 »Lilium inter spinas. Lilien unter den Dörneren, das ist: Gottverlobter Jungfrauen und Witwen Welt-geistlicher Stand«, Köln 1660. Hermann Busenbaum (1600-1668) ist mit seinem moraltheologischen Handbuch, das in über 200 Auflagen erschienen ist, der einflußreichste Moraltheologe des 17. und 18. Jahrhunderts.

Koblenz, Münstereifel und Zeltingen an der Mosel. Wegen ihrer engen Zusammenarbeit mit den Jesuiten wurden sie zunächst abschätzig »Jesuitinnen« bzw. »Jesuitessen« oder auch »Devotessen« (lat. *devotus* = fromm, gottgeweiht) genannt. Durch ihren Einsatz aber gewannen sie bald großes Ansehen, und diese Bezeichnungen wurden als Ehrentitel empfunden.

Zur Förderung der Spiritualität ihrer Mitglieder sah die Regel der Gesellschaft St. Ursula folgende geistliche Übungen vor:

– täglich Besuch der hl. Messe, Betrachtung, zweimalige Gewissenserforschung, Rosenkranz und geistliche Lesung;

– monatlich Zusammenkunft mit einem Vortrag zur Geisteserneuerung (Recollectio);

– jährlich Exerzitien im Oktober.

Soweit die Geschichte der Exerzitien bisher erforscht ist, muß es für diese Zeit im Rheinland als äußerst ungewöhnlich angesehen werden, daß Laien regelmäßig in größerer Zahl Exerzitien machten. Daß die Exerzitien als alljährliche Übung in der Regel der Gesellschaft St. Ursula vorgesehen sind, dürfte sich aus der besonders engen Beziehung dieser Gemeinschaft zu den Jesuiten erklären.

Da die meisten dieser Frauen durch Familie und Beruf gebunden waren, dürfte es sich bei den genannten Exerzitien um »offene« Exerzitien gehandelt haben, die mit jeweils einer Betrachtungsanregung am Tag einen Monat zu dauern pflegten. Nach neuesten Untersuchungen hat Ignatius schon als Student Exerzitien dieser Art erteilt, so daß man sie sogar als die »Urform der Exerzitien« bezeichnen kann.

Im Anschluß an die Exerzitien dürfte es vielen Frauen der Gesellschaft St. Ursula nicht leicht gefallen sein, die tägliche Betrachtung auf sich gestellt weiterzuführen. In dieser Schwierigkeit sieht Frau Schnabels eine Hilfe in den schriftlichen Anregungen, die sie von Friedrich Spee erbittet. Woher sie Spee, der ja gerade erst vom Tertiat in Speyer nach Köln versetzt worden war und nur für ein Jahr dort bleiben sollte, hinreichend kannte, um ihn und seinen Oberen so nachdrücklich um diese Hilfe anzugehen, ist historisch wahrscheinlich nicht mehr auszumachen. Die Jahresberichte der Jesuitenkollegien erwähnen punktuelle Einsätze in der Regel nicht. Man kann vermuten, daß Spee bereits in einem früheren Jahr oder noch im Rahmen des Tertiats, in dem Aufgaben dieser Art nicht ungewöhnlich waren, der Gemeinschaft St. Ursula die »Exerzitien im Alltag« gehalten und die Frauen so angesprochen hat, daß sich ihnen von daher die Fortführung der Betrachtungsanregungen in schriftlicher Form nahelegte. Für diese Interpretation spricht auch die Tatsache, daß Spee mit der Übergabe der »Zettel«, die von den Damen abgeschrieben und innerhalb der Gemeinschaft weitergegeben wurden, ein wesentliches Element der Exerzitien verband, das schon die »Urform der Exerzitien« bei Ignatius auszeichnete: das Angebot einer individuellen Begleitung durch ein wöchentliches Gespräch, »ob es gut oder nit gut abgangen sei«. Dies sollte im vorgegebenen Rahmen der Beichte geschehen.

Während andere Andachtsbücher seiner Zeit eine Vielzahl von Tugenden beschreiben und zur Übung empfehlen, konzentriert Spee sich auf die biblische Trias von Glaube, Hoffnung und Liebe (1 Kor 13,13). Die geläufige Bezeichnung als »göttliche« Tugenden wandelt er ab zu »güldenen« = goldenen Tugenden, damit ihren Vorrang vor allen anderen unterstreichend. Nach dieser Dreiheit gliedert er sein Werk konsequent in drei Teile oder »Bücher«.

Das Buch vom *Glauben* beginnt mit den Übungen zum Tridentinischen und zum Apostolischen Glaubensbekenntnis als der formulierten Glaubenswahrheit. Der Akzent, den er damit auf den Glaubensinhalt (*fides quae*) legt, hat ihm das abwertende Urteil eingebracht, seine Theologie sei schlichtweg die des Konzils von Trient in der Gestalt der nachfolgenden jesuitischen Katechismustheologie. Dabei hat man übersehen, daß Spee anschließend sehr ausführlich die Bedeutung der Glaubenshaltung (*fides qua*), der Glaubenstreue und der Glaubensfreude herausstellt. Er tut dies in Form von theoretischen Abhandlungen und praktischen Übungen, aber auch, indem er eine Auswahl von siebzig Lesungen aus dem Alten Testament und von 134 Gestalten aus dem Heiligenbuch der Kirche (Martyrologium) zur Betrachtung anbietet. Ein derartiger Gebrauch des Alten Testamentes stellt in der damaligen katholischen Kirche eine provozierende Neuerung dar. Spee rechtfertigt sich mit dem Ar-

9 Vgl. Josef Sudbrack, Mystik und Methode. Ganzheitliches Beten bei Friedrich Spee von Langenfeld. In: Geist und Leben 59 (1985), S. 88-97.

gument: Wenn schon die Häretiker aus der Heiligen Schrift eine so starke Hoffnung und Zuversicht gewinnen, »wieviel mehr werden dann diejenigen, welche mit einem rechten ... und der Kirche unterworfenen Verstand dazu kommen, eine wahre übernatürliche Hoffnung und Vertrauen daraus schöpfen können«.

Im Buch der *Hoffnung* bemüht Spee sich um die Läuterung und Vertiefung des Gottesbildes, bei dem er vor allem die Züge der Mütterlichkeit Gottes hervorhebt und zum vorbehaltlosen Vertrauen einlädt. Es folgen Betrachtungen über Gottes Hirtenliebe und über das Vaterunser.

Der Schwerpunkt des Werkes wird schließlich im Buch von der göttlichen *Liebe* deutlich. Spee unterscheidet die Liebe der Begierde von der Liebe des Wohlwollens oder der Freundschaft. Er versucht, die Liebe der Freundschaft zum Schöpfer- und Erlösergott zu wecken und zu vertiefen, die besonders im dankbarfrohen Gotteslob und in der tätigen Liebe zum Nächsten ihren Ausdruck findet. Den Höhepunkt findet das Buch von der Liebe und damit das ganze Werk in der Anleitung zum Mitvollzug der Meßfeier, die Spee als die höchstmögliche Form des Lobes Gottes versteht. Da er damit rechnet, daß der Teilnehmer der Messe »mit den Ohren des Herzens aufzumerken pflegt«, was ihm »der Heilige Geist für eine Lektion oder besonderes gutes Werk in den Sinn gibt«, läßt er auf die Meditationen über die Messe abschließend ein 144 Anregungen umfassendes »Register etlicher unterschiedlichen guten Werke« folgen. So unterstreicht Spee noch einmal, daß wahre Gottesliebe immer danach drängt, die Beziehung zwischen Gott und der

Seele zu überschreiten und den Mitmenschen in aufmerksamem Wohl-Wollen und in konkreter Tat in das Gottesverhältnis einzubeziehen.

Innerhalb dieser theologisch beachtlichen Gesamtkonzeption gestaltet Spee die siebzig Kapitel des Werkes jeweils so eigenständig, daß sie wie hieratische Blöcke unverbunden nebeneinander zu stehen scheinen. Dies hat seinen Grund in der Entstehungsweise und in der Zielrichtung des Werkes. Das »Güldene Tugend-Buch« ist »kein Buch wie jedes andere«, das gewissermaßen in einem Zug geschrieben wurde und ebenso gelesen werden kann. Es ist eine Sammlung von je selbständigen und in sich abgeschlossenen Meditationseinheiten. Durch den Verzicht auf eine deutliche Verzahnung der einzelnen Kapitel, wie man sie bei einer Abhandlung erwarten würde, erreicht er, daß jede Einheit neuartige und überraschende Momente enthält, so daß Langatmigkeit und Überdruß vermieden werden, die bei der täglichen Verwendung eines Buches ein ganzes Jahr hindurch zu befürchten gewesen wären.

Das »Güldene Tugend-Buch« ist also kein Andachtsbuch im üblichen Sinne, sondern vielmehr ein Übungsbuch, bei dem der Verfasser erwartet, daß der Benutzer sich die jeweilige Einheit nach den einzelnen darin empfohlenen Schritten (Lesen, häufiges Innehalten zur Besinnung, Dialog mit dem Autor, Dialog mit Gott) zu eigen gemacht hat, bevor er zur nächsten Einheit fortschreitet. Spee wird deshalb nicht müde, angefangen vom Titel des Buches bis hin zur letzten Zeile, besonders aber in der Einleitung immer wieder zu betonen, das Buch sei »eigentlich zum *Brauchen* und nicht nur zum Lesen gemacht«.

In der Einleitung beschreibt er auch, wie er sich den äußeren Rahmen der Betrachtung denkt. Dabei läßt er den einzelnen je nach ihrer Lebenssituation den nötigen Spielraum und vermeidet trotz des in sich hohen Anspruchs jede Überforderung. »Was ich dir auf dem besagten Zettel schriftlich aufgeben werde, das sollst du die ganze Woche hindurch alle Tage üben, entweder am Vormittag oder am Nachmittag, wann es dir am besten gelegen ist ... Und es soll nicht länger als ungefähr ein viertel oder halbes Stündlein dauern«. Wichtig ist für Spee der regelmäßige tägliche Vollzug. Deshalb wiederholt er zu Beginn vieler Kapitel bei den Anweisungen: »täglich zum bestimmten (gewohnten) Viertelstündlein«. Dabei enthält der Gebrauch der Diminutiv-Form »ein Viertelstündlein« das für Spee typische Moment der »Verlockung zum Guten«: wer könnte und wollte für eine so wichtige Sache nicht »ein Viertelstündlein« erübrigen?

Ein Charakteristikum vieler Betrachtungen des »Güldenen Tugend-Buches« ist die Dialogform, die Spee in drei Formen kennt: die erste vollzieht sich zwischen dem »Beichtvater« (= Autor) und der »Tochter«, die zweite im Gespräch der Seele mit sich selbst, die dritte zwischen Christus und dem Menschen. Spee beruft sich dafür auf die Methode Christi, der seine Jünger oft durch Fragen zu einer bewußten und klaren Stellungnahme herausfordert: »Ihr aber, für wen haltet ihr mich?« (Mt 16,15); »Wollt auch ihr weggehen?« (Joh 6,67); »Simon, Sohn des Johannes, liebst du mich?« (Joh 21,15-17). Daran anknüpfend sagt Spee: »Deshalb soll vor allen Dingen folgendes beachtet werden: immer, wenn du eine Frage gelesen hast, sollst du ein wenig innehalten und in deinem Herzen darauf antworten; du darfst also nie fortfahren zu lesen, es sei denn, du hast zuvor geantwortet. Wenn du aber bei dir geantwortet hast, sollst du erst danach die Antwort lesen, die da geschrieben steht. So wird deine Antwort desto mehr gefestigt und gleichsam wie mit einem wiederholten Hammerschlag desto tiefer in dein Herz hinein getrieben. Eine leichtere und bessere Weise, das innerliche Werk der Tugenden wirksam und aufmerksam zu üben, habe ich nicht finden können«.

Bei einem Gebet, das er vorgibt, rät er: »Lies das Gebet ganz langsam, und zwar so, daß du die Worte stets zuerst mit dem Mund betest, dann aber ein wenig über das, was du gesprochen, nachdenkst. Wo darum dieses Sternlein steht, da sollst du jedesmal ein wenig stillhalten und betrachten, das ist, da sollst du das, was du gesprochen, etwas tiefer mit dem Herzen bedenken«. In diesem Zusammenhang taucht bei Spee (wie bei vielen anderen Autoren geistlicher Werke dieser Jahrhunderte, z.B. bei Franz von Sales, Martin von Cochem, Alphons von Liguori), die mißverständliche und oft mißverstandene Anregung zum »Seufzen« auf. Seine »Seufzer-Lehre« hat Spee vielfach den Vorwurf der Weichlichkeit und des »seufzerlichen Überschwangs« eingebracht. Dabei hätte schon die Lektüre einer einzigen Seite der »Cautio Criminalis« vor einem solchen Fehlurteil warnen müssen. Spee steht mit seiner »Seufzerlehre« in der Tradition der Askese und Mystik der Ost- und Westkirche, die für die Erhebung des Herzens zu Gott das Bild des Seufzers geprägt hat. Für sie war offenbar mit diesem Bild noch ein Tiefensinn verbunden, der später verlorengegangen ist. Das »Grimmsche Wörterbuch der deutschen Sprache« macht bewußt, daß das Wort »seufzen« mit dem Atmen zu tun hat.[10] In diese Richtung weist auch Ignatius mit »der dritten Weise zu beten«: »Bei einem jeden Atemzug oder Luftholen soll man geistig beten, indem man ein Wort des Vaterunsers oder eines anderen Gebetstextes betet. Man soll also zwischen einem Atemzug und einem anderen nur ein Wort beten und, solange die Zeit von einem Atemzug zum anderen dauert, hauptsächlich auf die Bedeutung dieses Wortes schauen oder auf die Person, zu der man das Gebet spricht ...« Im Prozeß des Inquisitionsgerichts gegen Ignatius im Jahre 1527 sagt die Exerzitienteilnehmerin Maria de la Flor als Zeugin aus, Ignatius habe ihr gesagt: »Wenn du das Ave Maria aufsagst, dann tue erst einen Seufzer und bedenke andächtig die Worte ›Ave Maria‹, danach seufze abermals und bedenke andächtig die Worte ›Gratia plena‹«. In der deutschsprachigen Literatur scheint bisher völlig übersehen worden zu sein, daß das deutsche Wort »Seufzen« in der Frömmigkeitsliteratur überwiegend auf die Übersetzung von *»aspiratio«* = Hinhauchen, Zuhauchen, mit einem Hauch aussprechen zurückgeht, während es nur in ganz wenigen Fällen die Wiedergabe des lateinischen *»gemitus«* = Seufzen, Ächzen, Stöhnen darstellt.[11] Wie das Thema von der Mütterlichkeit Gottes, so scheint auch die *»aspira-*

[10] In den Anleitungen der letzten Jahrzehnte zur Meditation wird dem Atmen besondere Aufmerksamkeit geschenkt. Vgl. Klaus Thomas, Meditation in: Forschung und Erfahrung (Seelsorge und Psychologie, Bd. 1), Stuttgart 1973, S. 127, 350f.; Klemens Tilmann, Die Führung zur Meditation. 6. Aufl., Zürich-Einsiedeln-Köln 1974, S. 86-92.

[11] Vgl. E. Vansteenberghe, Art. Aspirations. In: Dictionnaire de Spiritualité I. Paris 1935, Sp. 1017-1025.

tio« als eine inhaltlich gefüllte Bestimmung des Gebetes und der Meditation dem Rationalismus zum Opfer gefallen zu sein. Diese Zusammenhänge bedürfen noch näherer Untersuchungen.

In der Gebetslehre Spees spielt das Seufzen eine besondere Rolle, zumal er mit diesem Wort mehrfache Bedeutungen verbindet. Wenn er sagt: »Antworte darauf mit fröhlichem Herzen und beschließe allezeit die Antwort mit einem Seufzer«, so kann dieser »Seufzer« ein »geistig gebetetes Wort« oder auch einen biblischen Gebetsruf zum Inhalt haben: »Jesus, erbarme dich meiner!« oder: »Vater, in deine Hände befehle ich meinen Geist«. Der »Seufzer« kann aber auch – und das ist eine Besonderheit des »Güldenen Tugend-Buches« – in einem Lied oder Psalm bestehen, wie Spee sie häufig am Ende seiner Betrachtungen bietet. Mehrere Lieder des »Güldenen Tugend-Buches« stehen unter Überschriften wie: »Seufzen der Gespons (Braut) JESU[12] ...«; die gleichen Lieder erscheinen in der »Trutz-Nachtigall« unter der Überschrift »Liebgesang der Gespons JESU ...«. Auch daraus wird deutlich, daß von dem Begriff »Seufzen« bei Spee der negative Beigeschmack wegzudenken ist, den das Wort bei uns Heutigen zunächst auslöst.

Alle bisher erwähnten methodischen Hinweise beziehen sich auf die geistlichen Übungen, die von einzelnen vollzogen werden. Es verdient jedoch hervorgehoben zu werden, daß Spee im »Güldenen Tugend-Buch« auch bereits Ansätze zum geistlichen Gespräch in der

12 Von wenigen Ausnahmen abgesehen hebt Spee den Namen JESUS durch Großbuchstaben hervor, zuweilen auch den Namen MARIA.

Gruppe kennt und empfiehlt. So schickt er seiner Zusammenstellung von siebzig Betrachtungseinheiten aus dem Alten Testament folgende Empfehlung voraus: »Wenn du noch andere Jungfrauen bei dir hast, magst du mit ihnen vereinbaren, daß je eine um die andere täglich am Anfang der Handarbeit eine Geschichte laut liest; danach könnt ihr unter der Handarbeit davon allerlei fragen und besprechen und, was ihr nicht recht verstanden oder behalten habt, wiederholen«. Ähnliche Anregungen gibt er zu der von ihm sehr geschätzten Betrachtung biblischer Bilder und anderer religiöser Kunstwerke. Spee mag zu dieser Empfehlung des geistlichen Gesprächs in der Gruppe von seinem Ordensbruder Kaspar Lechner inspiriert worden sein, der in seinem Büchlein vom Jahre 1621 über die Marianische Kongregation sagt: »Gewiß hat eine beredte Ansprache ihre Kraft und Wirkung, aber diese mehr freie und familiäre Art (der Konferenzen der Sodalen im Gruppengespräch) bringt die Schwierigkeiten mehr zur Geltung, löst dieselben besser, fesselt und gewinnt auch mehr die Geister. Diese Art hat die Kongregation von Anfang an gepflegt ...«

Wirkungsgeschichte und Aktualität

Wiewohl Spees Werke als Gelegenheitsschriften aus jeweils konkretem Anlaß entstanden sind, haben sie noch Jahrzehnte nach ihrer ersten Veröffentlichung große Beachtung gefunden. Seine Kirchenlieder verbreiteten sich in kürzester Zeit in allen katholischen Gesangbüchern, die im zweiten Viertel des 17. Jahrhunderts in Deutschland erschienen sind und erfreuen sich zum Teil bis heute besonderer Beliebtheit in den Gemeinden beider Konfessionen. Die »Cautio Criminalis« erlebte bis zum Jahre 1700 sieben Neuauflagen, die »Trutz-Nachtigall« sechs und das »Güldene Tugend-Buch« fünf. Alle erschienen auch in fremdsprachigen Ausgaben.

Die höchsten Ruhmesworte wurden eigenartigerweise dem am wenigsten spektakulären Werk, dem »Güldenen Tugend-Buch«, zuteil. Johann Philipp von Schönborn, Kurfürst von Mainz und Fürstbischof von Würzburg, schenkte es dem protestantischen Philosophen Gottfried Wilhelm von Leibniz. Dieser fühlte sich Spee wesensverwandt und glaubte, die Theologie des »Güldenen Tugend-Buches« könne eine gemeinsame Basis bei der von ihm erstrebten Wiedervereinigung der christlichen Konfessionen sein. Er übertrug die umfangreiche Vorrede ins Französische und machte sie der Kurfürstin Sophie Charlotte von Preußen und anderen einflußreichen Persönlichkeiten zum Geschenk. In einem förmlichen Lobpreis auf den Autor schrieb er im Jahre 1677: »Sein deutsches Gülden-Tugend-Kleinod scheint mir ein ganz göttliches Buch zu sein, und ich wünschte es in den Händen aller Christen. Es gibt viele Autoren der Theologie, aber ich weiß nicht, ob je einer ein solches Buch geschrieben hat ... Wunderbar ergriffen wurde ich, sooft ich seine Gedanken über die Natur und Wirksamkeit der göttlichen Liebe las. Ich weiß nicht, ob je ein Schriftsteller, der für das Volk geschrieben, diese wichtige Materie so nach ihrem Wert behandelt hat mit Ausnahme dieses Autors«.

Die Zeit des Rationalismus hatte kein Verständnis für

Spees Frömmigkeit noch für seine Lieder. So verzeichnet das 18. Jahrhundert nur eine Neuauflage des »Güldenen Tugend-Buches«, während das 19. Jahrhundert – beginnend mit einer Ausgabe des Romantikers Clemens von Brentano – wieder fünf Nachdrucke zählt. Ebensoviele kennt das 20. Jahrhundert, allerdings meist in sehr begrenzter Auswahl.

Wenn das »Güldene Tugend-Buch« hier in einer umfangreicheren Auswahl sowie in orthographischer und sprachlicher Überarbeitung und Straffung neu herausgegeben wird, so sind damit alle Werke Spees wieder für einen breiten Leserkreis zugänglich. Das Tugend-Buch verdient eine Wiederveröffentlichung schon allein deshalb, weil in ihm aller Wahrscheinlichkeit nach das erste umfangreichere Andachtsbuch vorliegt, das für Frauen geschrieben worden ist. So sagt Theo van Oorschot, der Bearbeiter der historisch-kritischen Ausgabe der Werke Spees, in einer zusammenfassenden Würdigung: »Frauen als Zielgruppe eines umfangreichen geistlichen Buches, das war im frühen 17. Jahrhundert vermutlich ein echter Ausnahmefall. Ja, geistliche Literatur, explizite für Frauen entworfen und zudem in der Form eines theologischen Traktats, aus dem ständig Andachtsübungen erwachsen, die am Ende vieler Kapitel zu poetischen Liedschöpfungen erblühen, dürfte für Spees Zeiten ein absolutes Novum darstellen. Daß damals in der Männerkirche eine Ahnung der Notwendigkeit einer kategorialen Seelsorge für Frauen (und Kinder) aufgekommen ist, vermute ich, aber eine doch schon weitgehende Einfühlung in die Psyche der Frau, wie sie aus dem »Güldenen Tugend-Buch« spricht, kann nur von einem Mann stammen, der große Fortschritte in der Integration seiner Anima gemacht hatte«.[13]

Beachtenswert ist auch – gerade im Zeitalter der feministischen Theologie –, daß Spee eine Ergänzung des meist ausschließlich von männlichen Attributen bestimmten Gottesbildes vorgenommen hat, indem er die Mütterlichkeit Gottes sehr betonte, aber hinwiederum nicht vereinseitigte.

Schließlich sind es viele einzelne Momente, die das »Güldene Tugend-Buch« und sein Ambiente aktuell erscheinen lassen: das religiöse Leben und das pastorale Wirken einer Gemeinschaft, die sich als eine Vorwegnahme heutiger Säkularinstitute darbietet; die spirituelle Förderung von Katechetinnen, die als ein Vorbild geistlicher Begleitung von Katechetinnen und Katecheten, die derzeit in vielen Gemeinden bei der Kommunion- und Firmkatechese mitwirken, gesehen werden kann; die »Exerzitien im Alltag«, die in unterschiedlichen Formen in unserer modernen Welt – auch in der Gemeindeseelsorge – sehr an Bedeutung gewinnen; die Weise, zu einem täglichen »Viertelstündlein« der Betrachtung und der Zwiesprache mit Gott zu verlocken; die Anregung zum geistlichen Gespräch in der Gruppe; vor allem aber die Betonung der weithin in Vergessenheit geratenen Grundwahrheit, daß die vorrangigste Aufgabe des Menschen im Lob des »schönen« und guten Gottes besteht, wie Spee es immer wieder betont und mit besonderer Prägnanz im Kehrvers eines Liedes des »Güldenen Tugend-Bu-

13 Theo G.M. van Oorschot, Zur geistigen Biographie Spees. In: Italo Michele Battafarano (Hrsg.), Friedrich von Spee. Trient 1988, S. 9-61; 48.

ches« wie auch der »Trutz-Nachtigall« zum Ausdruck bringt, der als Leitmotiv seines Lebens auch über seiner letzten Ruhestätte in Stein gemeißelt steht:

O Gott, ich sing von Herzen mein:
Gelobet muß der Schöpfer sein!

Güldenes Tugend-Buch

das ist Werk und Übung der drei Göttlichen
Tugenden, des Glaubens, der Hoffnung und der Liebe.
Allen gott-liebenden, andächtigen, frommen Seelen,
und besonders den Kloster- und welt-geistlichen
Personen sehr nützlich zu gebrauchen

Allgemeine Unterrichtung zum gründlichen Verständnis dieses Buches ganz notwendig

Erste Anregung
Warum dieses Buch geschrieben wurde

‹1› Einst begehrte von mir eine gottliebende meine geistliche Tochter, die sich von der Welt abgewandt und dem Dienst ihres Bräutigams Jesus Christus ganz ergeben hatte, ich möge ihr doch zu Papier setzen, wie man sich das ganze Jahr hindurch in den vornehmsten Tugenden nützlich üben könne. Sie hatte darum meinen Oberen angesprochen, der es auch für gut hielt, dieses von mir zu begehren. Ich bedachte mich ein wenig und sprach: Mein Kind, was du begehrst, haben auch etliche meiner anderen Beichtkinder unlängst von mir erbeten. Ich habe es ihnen aber abgeschlagen, weil ich Bedenken hatte, jemand geistliche Übungen schriftlich zu übergeben. Weil du mir aber durch dein Ersuchen bei meinem Oberen die Vergünstigung und Erlaubnis erwirkt hast, dir oder anderen eine solche Unterrichtung mitzuteilen, gebe ich dir die nachfolgenden Punkte zur Antwort.

1.

Wenn ich die Sache wirklich in Angriff nehmen soll, wird es mich nicht wenig Arbeit und Nachsinnen kosten. Doch damit Gott durch dich und andere gelobt werde, will ich darauf keine Rücksicht nehmen, sondern mich getrost an die Arbeit machen. Du aber geh zur Kirche, wirf dich nieder vor dem Hochwürdigen Sakrament des Altares und bitte Gott, er möge meinen Verstand zu seiner größeren Ehre erleuchten und mich etliche schöne auserlesene Stücklein lehren, wie man am besten die drei Göttlichen Tugenden üben kann. Ohne seine Einsprechung und Unterweisung ist doch alles nichts. Was er mir dann eingeben und einsprechen wird, das will ich dir und anderen von Herzen gern mitteilen. Bekomme ich dann viel, will ich auch viel mitteilen; bekomme ich wenig, mußt du mit dem Wenigen zufrieden sein (Tob 4,8). Der Herr kann's geben, der Herr kann's nehmen, der Name des Herrn sei gebenedeit ewiglich (Ijob 1,21). Amen.

2.

Jede Woche sollst am Sonnabend zur Beichte kommen: da will ich dir auf einem Zettel ein Kapitel geschrieben geben, welche Tugend und auf welche Weise du sie in der kommenden Woche üben sollst.

3.

Die Kapitel oder Zettel, die ich dir geben werde, sollst du fleißig gebrauchen und ohne meine Erlaubnis keinem anderen mitteilen, denn es ist nicht für jeden, was ich dir geben werde.

4.

Was ich dir auf dem besagten Zettel schriftlich übergeben werde, das sollst du die ganze Woche hindurch alle Tage üben, entweder am Vormittag oder am Nachmittag, wann es dir am besten gelegen ist. Und dazu an einem angemessenen Ort: in deinem Kämmerlein oder in der Kirche oder sonstwo, am besten vor einem Kruzifix, wenn du ein solches hast. Und es soll nicht länger dauern als ungefähr ein viertel oder halbes Stündlein. Willst du aber eine Viertelstunde am Vormittag und wieder eine am Nachmittag dazu verwenden, so steht es dir frei.

5.

Am Samstag, wenn du beichtest, sollst du allezeit Rechenschaft geben, wie du dich geübt hast und ob es gut oder nicht gut gegangen ist.

6.

Auf jedem Zettel wirst du finden, wie man dieses oder jenes Werk dieser oder jener Tugend üben soll. Wenn das Jahr um sein wird, wirst du der Zettel ziemlich viele haben. Und so hast du dann, wenn du alle Zettel kapitelweise ordnen und zusammenbinden willst, wie ich in diesem Buch getan habe, ein guldenes Tugendbuch, das ist ein feiner Schatz für das ganze Leben, für dich und für andere. Diesen Schatz aber kannst du hernach brauchen wie folgt.

Zweite Anregung
Vom Gebrauch dieses Buches oder der Übungen, die ich wöchentlich geben werde

‹2› Es ist zu merken, daß ich fleißig nachgedacht habe, wie man die Werke der innerlichen Tugenden mit größerer Aufmerksamkeit üben könnte. Mir ist schließlich eingefallen, daß dies nicht besser geschehen kann, als wenn man die Übungen jeweils in Form von Frage und Antwort darbietet. Und zwar so, daß man auf dieselbe Frage entweder mit Ja oder Nein antworten muß und dadurch ein Werk der entsprechenden Tugend übt. Deswegen will ich mich befleißigen, fast alle Kapitel so zu gestalten, daß der Leser allezeit gefragt und durch die Fragen zur Antwort und zur Übung der Tugend angeregt wird. Du wirst das bald besser verstehen, wenn du anfängst, die Kapitel zu gebrauchen. Ich sage zu *gebrauchen*: denn alles ist angelegt zum Brauchen und nicht nur zum Lesen. Deshalb ist besonders in Obacht zu nehmen, daß immer, wenn du eine Frage gelesen haben wirst, du ein wenig still hältst und in deinem Herzen darauf antwortest. Also daß du nie fortschreitest zu lesen, es sei denn, du hast zuvor geantwortet. Wenn du aber bei dir geantwortet hast, dann sollst du erst die Antwort lesen, die da geschrieben steht. So siehst du, ob du es richtig getroffen und recht geantwortet hast. Und so wird deine Antwort desto mehr befestigt und gleichsam wie mit einem wiederholten Hammerschlag desto tiefer ins Herz hinein getrieben.

Eine leichtere und bessere Weise, die innerlichen Werke der Tugenden zu üben, habe ich nicht finden können. Christus hat sie selbst gebraucht und sie uns im Evangelium deutlich hinterlassen, wie aus den folgenden Beispielen zu ersehen ist.

1. Als er einst von seinen Jüngern ein Werk des Glaubens haben wollte, bediente er sich der Frage: Ihr aber, für wen haltet ihr mich? bis sie geantwortet hatten: Du bist Christus, der Sohn des lebendigen Gottes (Mt 16,16).

So fragte er auch die Blinden, die von ihm das Augenlicht begehrten: Glaubt ihr, daß ich euch das tun kann? Und sie sprachen: Ja, wir glauben (Mt 9,28).

2. Als er ein anderes Mal in seinen Jüngern ein Werk der Hoffnung erwecken wollte, eine neue Zuversicht und ein Verlangen nach seiner Gegenwart und Lehre, da fragte er sie: Wollt auch ihr weggehen? Und sie antworteten: Herr, wohin sollen wir gehen? Du hast Worte des ewigen Lebens (Joh 6,67f.).

3. Als er zuletzt bei Petrus Werke der Liebe entzünden wollte, tat er es ebenfalls durch Fragen: Simon, Sohn des Johannes, liebst du mich? Und wiederum: Liebst du mich mehr als diese? Und er mußte ihm jedes Mal seine Frage beantworten und auf diese Weise in der Tat die Liebe üben (Joh 21,15-17).

Nun sollst du im folgenden erfahren, wie die Kapitel dieses Traktats gebraucht werden sollen.

1.

Du kannst jedes Kapitel oder jede Übung so gebrauchen, wie es am Anfang eines jeden Kapitels steht, nämlich so, daß du die ganze Woche hindurch ein Kapitel alle Tage einmal vornimmst und übst, und in der nächsten Woche das folgende etc.[1]

2.

Wenn dies dir aber nicht gefällt, so magst du jeden Tag ein neues Kapitel zur Hand nehmen, bis du sie alle der Reihe nach einmal geübt hast.

[1] Diese Anweisung zum Gebrauch der Übungen entspricht der ersten Anregung, die sich auf die nach und nach ausgehändigten Zettel bezieht. Spee hat die folgenden Anweisungen offenbar erst geschrieben, nachdem er die Zettel zu einem Buch zusammengefaßt hatte.

3\.

Wenn du dich aber nicht alle Tage üben willst, sondern nur zuweilen, kannst du losen, worin du dich üben sollst.

Dritte Anregung, ohne die dieses Buch nicht gebraucht werden soll

Vom Wesen und den Eigenschaften der drei Göttlichen Tugenden

‹3› Damit die Menschen, für die ich dieses Buch schreibe, nicht ganz unerfahren seien, was eigentlich Glaube, Hoffnung und Liebe bedeuten, will ich mit einem Gespräch zwischen einer andächtigen Seele und dem Beichtvater beginnen.

Tochter: Ich möchte von Herzen gern wissen, welche Tugenden die vornehmsten sind.

Beichtvater: Es sind die drei Göttlichen Tugenden, die uns in der Taufe eingegossen werden, nämlich Glaube, Hoffnung und Liebe (1 Kor 13,13) zu Gott.

Tochter: Warum werden sie aber Göttliche Tugenden genannt?

Beichtvater: Darum, weil sie stracks ohne Mittel auf Gott gerichtet sind: durch den Glauben glaube ich an Gott, durch die Hoffnung hoffe ich auf Gott, durch die Liebe liebe ich Gott.

Tochter: Was ist denn das Wesen des Glaubens?

Beichtvater: Durch den Glauben halten wir fest, daß Gott ist (Hebr 11,3). Ohne den Glauben sind wir in Finsternis und wissen kaum etwas von ihm. Wenn aber der Glaube im Herzen scheint, da wird es licht (Eph 5,8; 1 Petr 2,9), und wir erkennen, daß Gott ein allmächtiger, ewiger, unbegreiflicher, allwissender Herr ist: der Schöpfer Himmels und der Erde; daß er dreifaltig ist in den Personen (1 Joh 5,1-8) und einzig in der Natur. Und wenn wir dies auch nicht begreifen können, so halten wir es dennoch fest für wahr, weil Gott es geoffenbart hat.

Tochter: Was ist das Wesen der Hoffnung?

Beichtvater: Durch die Hoffnung sehnen wir uns nach Gott (Ps 42,2). Wir warten, verlangen, hoffen und begehren alles Gute von ihm: wir trauen und bauen auf ihn, verlassen uns ganz und gar auf ihn. Wir sind unruhig, bis wir ihn endlich finden und in ihm zur Ruhe kommen. Wir sehnen uns nach Lust. In Gott ist alle Lust. Wir sehnen uns nach Freude. In Gott ist alle Freude. Wir sehnen uns nach Schönheit. In Gott ist alle Schönheit.

Tochter: Was ist das Wesen der Liebe?

Beichtvater: Durch die Liebe wollen und wünschen wir ihm alles Gute aus einer herzlichen Zuneigung zu ihm. Wir freuen uns, daß er ein solcher Gott und Herr ist. Wir wollten gern, daß alle Kreaturen ihn doch recht lieben und loben möchten. Und dies wünschen wir ihm nicht deshalb, weil er uns viele Wohltaten erwiesen hat (wiewohl wir hierdurch auch zu dieser Liebe angelockt werden), sondern weil er ein solch hoher und vortrefflicher Gott und aller Liebe wert ist.

Tochter: Was haben aber diese drei Tugenden für einen Nutzen?

Beichtvater: Einen sehr großen. Denn so oft wir eine solche Tugend üben, verdienen wir aufs neue den

Himmel und empfangen eine neue heiligmachende Gnade Gottes.

Tochter: Wie aber, wenn wir im Stand der Sünde sind? Sollen wir dann gleichwohl eine solche Gnade verdienen?

Beichtvater: Durch die Werke des Glaubens, der Hoffnung und der Liebe verdienst du dann nichts. Wer im Stand der Sünde ist, kann nichts verdienen.

Tochter: So sehe ich wohl, daß dieses Tugendbuch nur für die Frommen und Gerechten ist, nicht aber für die Sünder, die gefallen sind. Wenn ich heute oder morgen eine Todsünde beginge, so wäre doch alles umsonst.

Beichtvater: Keineswegs. Zwei Dinge mußt du wissen und verstehen.

Zum ersten: Obwohl im Stand der Sünde solche Werke nicht wirklich etwas verdienen, so pflegt Gott doch aus lauter Freigebigkeit und Güte im Ansehen solcher Werke eher zur Bekehrung zu verhelfen.

Zum zweiten: Wenn jemand die Liebe übt, so wird er durch eben diese Liebe alsbald gerechtfertigt und gleichsam wieder lebendig. Angenommen, du hättest alle Sünden der Welt auf deinem Hals, und es überfiele dich in diesem Augenblick der Geist oder die Gnade Gottes, so daß dein Herz anfinge, sich in der Liebe Gottes zu entzünden, so würdest du durch diese Liebe sogleich gerechtfertigt. In diesem Augenblick würden dir deine Sünden alle miteinander vergeben, auch wenn du noch nicht gebeichtet hättest, wiewohl du gehalten wärest, sie später zu gegebener Zeit dem Priester zu offenbaren.

Tochter: O Gott, was höre ich? Können denn alle

Sünden so bald hinweggenommen werden durch eine solche Liebe?

O mein Herr und Gott, wie bist du ein gar milder und vortrefflicher Gott. Wer wollte dich nicht lieben? Du bist wirklich wert, von allen Kreaturen geliebt zu werden. Ach, wo sind doch alle Engel und Menschen, daß sie sogleich anfangen, dich wie mit einer Stimme zu preisen.

Ach eilet, ach, ihr Menschenkind',
Ach, Engel ihr dort oben,
Als viel von Gott erschaffen sind,
Nur ihn tut eilends loben.
Ach, loben doch und preisen tut
Den wunderschönen Herren,
Den großen Gott, das höchte Gut,
Woll sich doch niemand sperren.

Beichtvater: So ist es recht, meine Tochter, so müssen eigentlich alle heiligen Kinder Gottes gesinnt sein. Sage mir aber die Wahrheit: redest du ganz ernst und von Herzen, was du geredet hast? Ist es wahr, daß du dich über die Herrlichkeit Gottes freust? Und daß du ihm alles Gute von Herzen wünschst, weil er ein so herrlicher Gott ist?

Tochter: Ja freilich, ich empfinde es so in meinem Herzen. Und es wäre mir nichts lieber, als daß alle Welt einen so herrlichen Gott lieben und loben wollte.

Beichtvater: So ist es abermals recht, meine liebe Tochter. Da übst du aber ein Werk der Liebe, von dem ich gerade reden will. Ein solches Werk rechtfertigt den Sünder; und daran sollst du nicht zweifeln: Wenn es aus deinem Herzen gekommen ist, was du gesprochen hast, so bist du bereits mit Gott versöhnt und all deine Todsünden sind dir bereits vergeben. Aber wenn du keine Todsünde begangen hast, so hast du dennoch eine neue heiligmachende Gnade empfangen, so daß du dadurch Gott viel wohlgefälliger geworden bist, als du zuvor warst, und du hast den Himmel und die himmlische Freude durch ein solches Werk aufs neue verdient. Sage an, ob du mich recht verstanden hast.

Tochter: O Gott, wie empfinde ich in meinem Herzen einen großen Trost! Gepriesen sei der allmächtige gütige Gott, daß ich diese schöne Perle gefunden habe! Dieses Lehrstücklein wollte ich nicht hergeben gegen alles Gold aus dem Orient! Wo sind doch nur alle Sünder und Sünderinnen, daß auch in ihren Ohren diese süße Melodie erklingen möge! O Herr, gib auch ihnen, was du mir gegeben hast.

Beichtvater: Recht, recht, mein Kind, du zeigst mir, daß du mich verstanden hast. Wenn du aber des weiteren noch Zweifel hast, sollst du es mitteilen; ich will dich gründlich unterrichten.

Tochter: Mir scheint, daß die zweite Göttliche Tugend, die Hoffnung, nicht so sehr unterschieden ist von der dritten, der Liebe, denn so viel ich aus dem entnehmen kann, was von der Natur der Hoffnung gesagt wurde, ist die Hoffnung auch eine Liebe. Denn sie ist ein Begehren, ein Verlangen nach Gott und göttlichen Dingen: Begehren aber, Hoffen und Verlangen ist nichts anderes als Lieben.

Beichtvater: Du hast es recht wahrgenommen und etwas Schönes vermerkt, das sonst nur wenige geistliche Kinder herausfinden oder auch gelernt haben. Ich will es deshalb etwas gründlicher erörtern. Schärfe nun deinen Verstand und sei ganz aufmerksam.

Ich sage also: es gibt zweierlei Liebe. Die eine wird eine Liebe der Begierde genannt, die andere eine Liebe des Wohlwollens oder der Freundschaft. Ich will beides weiter auslegen.

1. Liebe der Begierde wird genannt, wenn ich mir oder für mich etwas begehre, wünsche und haben will oder, sofern ich es habe, mich daran ergötze, weil es mir nützlich oder angenehm, gut, schön und lustbringend ist. Mit dieser Liebe der Begierde liebe ich zum Beispiel einen klaren kühlen Trunk, wenn ich durstig bin. Ebenso, wenn ich hungrig bin, eine gut bereitete schmackhafte Speise. So liebe ich auch ein gutes Pferd, ein schönes Gemälde, ein schönes Haus, stattliche Kleider, kostbare Kleinodien und dergleichen unzählbare Dinge mehr. So liebt auch ein Bräutigam seine Braut, die ihm zugetan, freundlich, reich und schön ist. Dabei ist zu bemerken: wenn das, was ich begehre, noch nicht gegenwärtig ist, sondern ich es in der Zukunft erwarte, so wird solche Liebe eine Hoffnung oder Verlangen genannt.

2. Liebe des Wohlwollens oder Liebe der Freundschaft aber ist, kurz gesagt, wenn ich einem wohlwill, und zwar von Herzen, aus einer herzlichen Zuneigung zu ihm. In dieser Liebe bin ich gewillt, auch ihm entgegenzubringen, was ich als etwas Gutes liebe, wünsche und begehre.

Nun bedenke es ein wenig und sage mir, ob du es verstanden hast.

Tochter: Mich dünkt, ich habe es verstanden, doch möchte ich noch weitere Beispiele hören, damit ich den Unterschied dieser beiden Lieben noch klarer erfassen kann.

Beichtvater: Es gefällt mir, daß du dies so gründlich wissen willst. Daß diese beiden Lieben zu unterscheiden sind, wird daraus deutlich, daß oft die eine vorhanden ist, die andere aber nicht, wiewohl sie oft auch beide zusammen sind. Das will ich an Beispielen erklären.

Zum ersten: Daß oft beide zusammen sind, zeigt dieses Beispiel. Ein Bräutigam liebt seine Braut mit diesen beiden Lieben: er liebt sie mit der Liebe der Begierde, indem er sie für sich begehrt und herzlich umfängt, weil sie, wie er meint, sein Heil und seine Lust ist. Er liebt sie aber auch mit der Liebe des Wohlwollens oder der Freundschaft, weil er ihr auch von Herzen wohlwill und ihr alles Gute wünscht und begehrt.

Zum zweiten: Daß man aber auch oft etwas allein mit der Liebe der Begierde und nicht mit der Liebe des Wohlwollens oder der Freundschaft liebt, dafür nimm dieses Beispiel. Es liebt ein böser Mensch ein Weibsbild nur mit der Liebe der Begierde, weil er sie seiner Lust und ihrer Schönheit halber zu besitzen sucht. Sonst gönnt und wünscht er ihr nichts Gutes, sondern könnte es gut leiden, sie wäre da, wo der Pfeffer wächst, wenn er nur ein Genügen seiner Begierde hätte.

Zum dritten: Dafür, daß man oft etwas mit der Liebe des Wohlwollens oder der Freundschaft liebt und nicht mit der Liebe der Begierde, dafür nimm dieses Beispiel. Den jetzigen mächtigen Kaiser Ferdinand liebe ich nicht mit einer Liebe der Begierde, denn ich weiß nichts, was ich von ihm begehre oder erstrebe. Und doch liebe ich ihn mit einer starken Liebe des

Wohlwollens, denn ich wünsche und begehre für ihn alles Gute und wünsche von Herzen, daß ihm alles zum Guten gelingt. Wenn ich ihn loben höre, geht mir das Herz auf. Wenn ich aber jemand hören sollte, der ihn schmäht und heruntermacht, dann würde sich gleich vor Unwillen mein Gemüt erregen.

Siehe da, meine Tochter, da hast du nun die Beschreibung und den Unterschied der Liebe der Begierde und der Liebe des Wohlwollens oder der Freundschaft. Ich meine, ich hätte es klar genug ausgelegt.

Tochter: Die Auslegung und die gegebenen Beispiele sind gut; wie kommen wir aber wieder zu unserem ersten Vorhaben, auf die drei Göttlichen Tugenden, von denen wir zu Anfang gesprochen haben?

Beichtvater: So kommen wir darauf. Es wurde gesagt: die drei Göttlichen Tugenden sind Glaube, Hoffnung und Liebe. Diese folgen aufeinander, denn zu Anfang verstehen wir durch den Glauben, daß Gott ist und daß er ein mächtiger Herr ist; daß er alles erschaffen hat, alles kann, alles weiß, alles begreift; daß in ihm ist alle Kraft und Macht, alle Herrlichkeit und Majestät, alle Schätze und Reichtümer, alle Lieblichkeit und Schönheit, alle Lust und Freude, ja, alles Gute, was erdacht werden kann, ja auch tausend und tausendmal mehr Gutes, als alle Menschen und Engel in Ewigkeit je erdenken können. Das hat der heilige Franziskus einstmals erkannt, als er die ganze Nacht hindurch zu Gott gerufen hat: O mein Gott und alles! O mein Gott und alles! O du mein allersüßester Gott und alles!

Wenn wir das aber durch den Glauben von Gott verstanden haben, dann folgt darauf, daß wir auch anfangen, einen solchen Gott zu lieben. Denn ohne Zweifel ist ein solches Gut und solche Vollkommenheit über alle Vollkommenheit auch wert, daß man sie liebt und über alles liebt. Zuerst zwar mit der Liebe der Begierde, durch welche wir begehren, ihn zu besitzen und zu genießen. Danach auch mit der Liebe des Wohlwollens oder der Freundschaft, durch welche wir ihm alles Gute wollen und gönnen, weil er wegen der Erhabenheit und Vortrefflichkeit seiner Natur aller Liebe würdig ist. Wir nennen die zweite Göttliche Tugend aber Hoffnung, weil wir Gott, den wir so begierlich lieben, noch nicht gegenwärtig besitzen, sondern zukünftig erwarten und hoffen müssen.

Die Liebe der Freundschaft aber ist die dritte Göttliche Tugend, welche man auch schlechthin ohne Zusatz die Liebe nennt, weil sie vortrefflicher ist als die Liebe der Begierde oder der Hoffnung.

Tochter: Ich verstehe dies nun hinreichend, wie mich dünkt. Doch möchte ich gern wissen, warum, wie oben gesagt wurde, einem Sünder all seine Sünden durch ein Werk der dritten Göttlichen Tugend alsbald vergeben werden, wenn er nämlich anfängt, Gott zu lieben mit der Liebe der Freundschaft. Was ist der Grund?

Beichtvater: Den Grund wirst du bald verstehen. Zuvor habe ich gesagt, daß man jemand allein mit der Liebe der Begierde lieben könne und nicht mit der Liebe der Freundschaft. Gesetzt zum Beispiel, es wäre einer, der dich, meine Tochter, begierlich liebt, aber nur deine Schönheit und deinen Reichtum genießen möchte, dir aber sonst mitnichten hold wäre, sondern sehr wohl leiden könnte, daß dir alles Widrige widerfährt, wenn er nur deinen Reichtum hätte. Was denkst du: wolltest du den zum Freund haben?

Tochter: Nein, denn er sucht ja nur seine Lust und nicht mich.

Beichtvater: Das ist recht. So ist es aber auch mit Gott. Wenn einer Gott nur mit der Liebe der Begierde liebt, wenn er nur Gottes Reichtum und Schönheit besitzen, das heißt, das ewige Leben haben will, aber sehr wohl leiden mag, daß Gott beleidigt und verunehrt wird und seine Gebote übertreten werden, dem kann auch Gott nicht mit einer herzlichen Zuneigung hold sein, bis er anfängt, Gott zu lieben wie ein Freund den anderen. Bei dieser Liebe aber hat Gott sich an verschiedenen Stellen der Heiligen Schrift gebunden, er wolle ihn alsbald auch wiederlieben und ihm alle Schuld verzeihen. So heißt es:

Ich liebe die, die mich lieben (Spr 8,17).

Die Liebe bedeckt jede Sünde (Spr 10,12).

Die Liebe deckt viele Sünden zu (1 Petr 4,8).

Wer mich liebt, den wird mein Vater lieben (Joh 14,21).

Es werden ihr viele Sünden vergeben, weil sie viel geliebt hat (Lk 7,47).

Tochter: O Gott, wie ist es dann ein schönes Ding um die Liebe, weil sie einen Sünder so geschwind gerecht macht, auch ohne die Beichte.

Beichtvater: Ja freilich ist es ein köstliches Ding um die Liebe: freilich macht sie einen Sünder gerecht auch vor der Beichte. Doch soll man dabei nicht vergessen, was auch oben gesagt ist, daß man dennoch verpflichtet ist, die Sünde hernach zu gegebener Zeit dem Priester zu beichten, damit sie also, obschon sie vergeben, dennoch der ordentlichen geistlichen Gewalt, die Christus in seiner Kirche hinterlassen hat (Mt 18,18; Joh 20,23), unterworfen werde, nach Christi Anordnung und Willen, dem man ohne ein neues großes Laster nicht entgehen kann.

Tochter: Ist denn aber keine andere Tugend auf der Welt, die wie die Liebe auch die Kraft hat, die Sünde auszutilgen?

Beichtvater: Es gibt keine. Die Liebe allein hat dieses Privileg.

Tochter: Ich habe doch neulich gehört, daß auch die Zerknirschung des Herzens, das ist vollkommene Reue und Leid, welche auf Latein *Contritio* genannt wird, ebensolche Kraft haben soll.

Beichtvater: Es ist wahr, Zerknirschung des Herzens hat auch diese Kraft. Aber eben diese ist ein Werk der Liebe.

Damit du das verstehst, mußt du bedenken, daß die Reue aus unterschiedlichen Motiven entstehen kann. Denn entweder kommt sie aus der dritten Göttlichen Tugend, das ist aus der Liebe des Wohlwollens gegen Gott. Oder aber sie kommt aus einer anderen Ursache wie aus Liebe zur Tugend, Abscheu vor der Sünde, Furcht vor der Hölle, Hoffnung auf Belohnung und dergleichen guten, heiligen und übernatürlichen Motiven. Wenn die Reue nun nicht aus einem Affekt der Liebe oder der dritten Göttlichen Tugend herausfließt, sondern aus einem der anderen genannten übernatürlichen Motive, so wird sie unvollkommene Reue genannt, auf Latein *Attritio*; und diese Reue tilgt die Todsünde nicht, es sei denn, daß das Sakrament (der Taufe oder) der Beichte hinzukommt, denn das Sakrament tilgt sie freilich aus, wie bekannt ist. Wenn die Reue aber aus einem Affekt der Liebe fließt, so wird sie vollkommene Reue genannt, auf Latein *Contritio*, das heißt Zerknirschung des Herzens, und diese tilgt alle Sünden aus, da sie wahrhaftig ein Werk der Liebe oder der dritten Göttlichen Tugend ist. So bleibt also wahr, was gesagt wurde, daß sonst keine einzige andere Tugend den Sünder gerecht macht als allein die Liebe des Wohlwollens oder der Freundschaft.

Erster Teil des Buches

Von der ersten Göttlichen Tugend, nämlich vom Glauben

‹4› Weil du eine Anleitung von mir erbeten hast, wie du dich jede Woche in einer Tugend üben kannst, magst du in Gottes Namen anfangen und diese anstehende Woche alle Tage ein viertel oder halbes Stündlein, vor- oder nachmittags, in der Kirche oder in deinem Kämmerlein, wie es dir gelegen ist, auf diese Weise den Glauben zu üben.

Laß dich vor dem Angesicht Gottes auf die Knie nieder, mach das Kreuz, lies die folgenden Fragen, die ich dir darbiete, langsam und bedachtsam und beantworte sie. So oft du antwortest, so oft wirst du mit der Gnade Gottes ein Werk des Glaubens üben.

1.

Sage an, meine Seele, glaubst du an Gott, den Vater, den allmächtigen Schöpfer des Himmels und der Erde? Hier halte ein wenig still, denke darüber nach und antworte dann dir selber so:

Antwort: Ja freilich, ich glaube, denn Gott, der dies geoffenbart hat, kann nicht lügen. Ich glaube, und ich bin bereit, für diesen Glauben meinen Kopf hinzuhalten. Und wenn du dies sagst, so strecke deinen Kopf dar und stell dir vor, du solltest jetzt für diesen Glauben von einem Tyrannen enthauptet werden. Dann tu darauf einen Seufzer, halte ein wenig still, und dann schreite zum zweiten Artikel und mach es ebenso.

2.

Sage weiter, meine Seele, glaubst du auch an JESUS Christus, seinen eingeborenen Sohn, unseren Herrn, so daß du bereit wärest, eher dein Blut zu vergießen, als von diesem Glauben abzugehen?

Antwort: Ja, ich glaube.

3.

Glaubst du auch, daß er empfangen ist vom Heiligen Geist, geboren von MARIA der Jungfrau?

4.

Glaubst du auch, daß er gelitten hat unter Pontius Pilatus, daß er gekreuzigt wurde, gestorben ist und begraben wurde?

5.

Glaubst du auch, daß er abgestiegen ist zur Hölle und am dritten Tag wieder auferstanden von den Toten?

6.

Glaubst du auch, daß er aufgefahren ist zu den Himmeln und nun sitzt zur rechten Hand Gottes, des allmächtigen Vaters?

7.

Glaubst du auch, daß er von dannen kommen wird, zu richten die Lebenden und die Toten?

8.

Glaubst du auch an den Heiligen Geist?

9.

Glaubst du die eine heilige allgemeine christliche Kirche und die Gemeinschaft der Heiligen?

10.

Glaubst du auch die Vergebung der Sünden?

11.

Glaubst du auch die Auferstehung des Fleisches?

12.

Glaubst du auch ein ewiges Leben?

Nun sage ich von dieser Übung:

1. Hier werden zwölf unterschiedliche Werke des Glaubens geübt, denn weil du nach jedem Artikel etwas stillhältst und dazwischen seufzst, kommen sie ein wenig voneinander und es werden zwölf Stücke daraus.

2. Du übst zugleich die Werke der Liebe, indem du bereit bist, für jeden Artikel um deines geliebten Gottes willen ein Martyrer zu werden und den Kopf zu verlieren.

Wenn du nur bei einem einzigen Artikel die Gnade hättest, daß es dir von Herzen käme und ganz ernst wäre, den Streich durch deinen Hals aus solchem Grunde zu empfangen, so hättest du gewiß in deinem Herzen das Martyrium vollbracht und wärest durch dieses Werk der Liebe in einem Augenblick von allen Sünden gerechtfertigt, was dir ein großer Trost und Schatz sein soll.

Damit du dies noch besser verstehst, sollst du wissen: Jeder Mensch kann allein mit den Gedanken und dem Willen des Herzens sündigen und die Hölle verdienen; als Beispiel: du willigst ein in einen Ehebruch, wolltest wahrhaftig in deinem Herzen, wenn du nur die Gelegenheit jetzt haben könntest, die Tat zu vollbringen. Da sage ich: wenn es dir ernst ist, hast du in deinem Herzen schon die Ehe gebrochen (Mt 5,28) und die Hölle verdient.

Ebenso verhält es sich im gegensätzlichen Fall, daß man allein mit den Gedanken und dem Willen des Herzens ein Märtyrer werden und den Himmel verdienen kann. Und deswegen: wenn du einmal im Herzen ernstlich bereit wärest, wenn die Gelegenheit jetzt wäre, den Kopf für den Glauben herzugeben, so ist gewiß, daß du wahrhaftig im Herzen schon das Martyrium und das Werk der höchsten Liebe vollbracht hättest.

Einwand: Du könntest aber einwenden und sagen: Ich bekenne, daß ich mich jetzt in meinem Herzen so beschaffen finde, daß mich dünkt, ich wollte wohl meinen Kopf hinhalten. Ich stelle mir auch vor, welch große Angst mir zusetzen würde, bleibe aber dennoch bei meiner Meinung, ich sei jetzt dazu bereit. Aber ich fürchte, wenn es in der Tat wahrhaftig geschehen sollte, so würde ich nicht standhalten. Ein anderes ist es, sich im Herzen etwas vorzustellen, und ein anderes, es in der Tat zu erfahren

Darauf antworte ich: Es ist wahr, daß es wohl geschehen könnte, daß du jetzt bereit wärest, das Schwert zu empfangen, und daß es anders wäre, wenn es in der Tat dazu käme. Aber daraus folgt nicht, daß du dann jetzt in deinem Herzen nicht das Martyrium vollbracht hättest. Du hast gleichwohl jetzt ein Werk der Liebe geübt und bist dadurch gerechtfertigt worden. Es mag danach in der Tat geschehen, was will. Ich bleibe bei dem Beispiel vom Ehebruch. Es mag geschehen, daß einer in seinem Herzen bereit ist, einen Ehebruch zu begehen, doch wenn es zur Tat kommen soll, so mag er sich noch bedenken und es unterlassen. Nichts desto weniger hat er zuvor in seinem Herzen den Ehebruch begangen und die Hölle verdient. Ebenso ist es auch mit dem Martyrium.

Fang nun an, mein liebes Kind, und übe in dieser Woche, was ich dir hier aufgeschrieben habe. Ich weiß, du wirst dich dabei wohlbefinden. Damit du es behalten kannst, mache ich dir diese Verse:

Die Schrift[1] hat ziemlich[2] klar gelehrt
Daß, wer nur in Gedanken
Frei, wissend, willig, unbeschwert,
Unzweiflig und ohn Wanken
Zur Sünde eingewilligt hat:
Solchs werd so hoch erwogen,
Als wenn er schon hätt in der Tat
Die Sünd zu Werk gezogen.

Deswegen auch zu sterben frei
Wer sich bereit befünde,
Und nur im Herzen fiele bei,
Wenn er für Christus könnte,
Hat schon vor Gott so viel getan
Und wird so hoch erwogen,
Als wenn er in der Tat voran
Die Marter hätt vollzogen.

* * *

1 Mt 5,28.

2 geziemend, gebührend.

‹5› In der anstehenden Woche magst du dich beim gewohnten viertel oder halben Stündlein fragen und Antwort geben, wie folgt. So übst du zugleich Werke des Glaubens und der Liebe.

Erster Artikel

Meine Seele, bist du auch dessen eingedenk, was der Glaube uns lehrt, daß du, wenn du auch ein armes Kind zu sein scheinst, doch in Wahrheit eine Königstochter bist (Ps 81,6; Joh 1,2), und daß dein Vater ein sehr reicher Herr (Hag 2,8; 1 Chr 29,11) ist, ja, der allmächtige Gott, Schöpfer des Himmels und der Erde, ein König über alle Könige (1 Tim 6,15; Offb 19,16), ein Kaiser über alle Kaiser?

Bedenke dies ein wenig, und danach antworte dir nach diesem Zettel.

Antwort: Ja freilich, wie sollte ich nicht daran denken? Ich glaube es in der Tat und will die Wohltaten dieses Vaters in Ewigkeit nicht vergessen.

Sage aber weiter: Liebst du deinen guten Vater auch von Herzen (Dt 26,19), weil er alles zu seinem Lob und zu seiner Ehre erschaffen hat (Spr 16,4)?

Antwort: Ja, wer wollte ihn deshalb nicht lieben? Ich wollte, daß seine Herrlichkeit und Allmacht noch mehr ausgebreitet wäre.

Zweiter und dritter Artikel

Bedenkst du auch, daß du, obwohl du ein verworfenes Kind zu sein scheinst, einen sehr mächtigen und reichen Bruder (Hebr 2,17; Ps 22,23) hast, den eingeborenen Sohn Gottes, JESUS Christus, unseren Herrn, der empfangen ist vom Heiligen Geist, geboren von Maria, der Jungfrau, der vom Himmel abgestiegen ist und unser sterbliches Fleisch angenommen hat?

Antwort: Ja, ich glaube es und will die Wohltat dieses Herrn in Ewigkeit nicht vergessen.

Sage aber weiter: Liebst du auch diesen deinen Herrn und Bruder?

Antwort: Ja, ich liebe ihn und wollte, daß ich ihn von Herzen noch mehr lieben würde.

Vierter und fünfter Artikel

Bedenkst du auch, daß du, obwohl du ein Kind des Satans und mit allerhand Sünden befleckt warst (Röm 5,8-10; Eph 2,1-3), der eingeborene Sohn Gottes dich dennoch so sehr geliebt hat (1 Joh 4,9), daß er deinetwegen gelitten hat unter Pontius Pilatus, gekreuzigt, gestorben und begraben ist, abgestiegen zu der Hölle, am dritten Tag wieder auferstanden von den Toten?

Antwort: Ja, ich glaube es und will die Wohltat dieses Liebhabers in Ewigkeit nicht vergessen.

Sage aber weiter: Liebst du auch von Herzen diesen deinen Liebhaber, weil er aus Liebe zu dir den schmählichen Tod gestorben und danach von den Toten auferstanden und so vielen seine Güte und Allmacht bekannt geworden ist?

Antwort: Ja freilich, wer wollte ihn deshalb nicht lieben? Ich liebe ihn und wollte, daß ich ihn von Herzen noch mehr lieben könnte.

Sechster und siebter Artikel

Bist du auch eingedenk, daß, obwohl du noch hier im Tal der Tränen warten mußt, dein Bruder und Liebhaber JESUS Christus schon voraufgegangen ist, dir in den ewigen Freuden eine Wohnung zu bereiten (Joh 14,3)? Daß er in den Himmel aufgefahren ist und sitzt zur Rechten des allmächtigen Vaters, von dannen er kommen wird, zu richten die Lebenden und die Toten?

Antwort: Ja, ich glaube und bedenke es und will diese Wohltat meines Herrn in Ewigkeit nicht vergessen.

Sage mir aber weiter: Liebst du auch von Herzen diesen deinen Bruder und Liebhaber, weil er aufgefahren ist und nicht nur dir einen Platz in seinem Reich bereitet, sondern seine Menschheit in der höchsten Glorie und Herrlichkeit über alles erhoben hat?

Antwort: Ja freilich, wer wollte ihn deshalb nicht lieben? Ich liebe ihn und wollte, daß ich ihn von Herzen noch mehr lieben könnte.

Achter, neunter und zehnter Artikel

Bist du auch eingedenk, daß du, obwohl du ein schlechtes Kind bist, dennoch den Heiligen Geist, Gott wie der Vater und der Sohn, in der heiligen Taufe zum Bräutigam (Hos 2,21f.) empfangen hast? Daß dieser Heilige Geist in einer jeden frommen Seele wohnt wie in einem Tempel? Daß er dich in seine heilige Kirche geführt hat und darin bereit ist, die Sünden zu vergeben, so oft du von ihnen aufzustehen begehrst, wie es sich gebührt?

Antwort: Ja, ich glaube und bedenke es und will diese Wohltat meines Bräutigam in Ewigkeit nicht vergessen.

Sage mir aber weiter: Liebst du auch von Herzen diesen deinen Bräutigam, vor allem, weil er so viele Sünder wieder zu Gott bekehrt, daß sie wieder anfangen, ihm zu dienen und seinen Namen groß zu machen?

Ja freilich, wer wollte ihn deshalb nicht lieben? Ich

liebe ihn und wollte, daß ich ihn von Herzen noch mehr lieben könnte.

Elfter und zwölfter Artikel

Bist du auch eingedenk der zukünftigen Dinge, das ist, der vier letzten Dinge des Menschen: daß wir alle sterben müssen, daß alle am Jüngsten Tag vom Tode auferstehen (1 Kor 15,21f.) und zum Letzten Gericht erscheinen müssen (Hebr 9,27), daß die, die Gutes getan haben, in die ewige Freude, die aber Böses getan haben, in die ewige Höllenpein gehen müssen (Mt 25,31-46)?

Antwort: Ja, wie sollte ich es nicht bedenken? Ich glaube es und will solche Gedanken oft in meinem Herzen erwägen. Ich bitte auch die Heilige Dreifaltigkeit, Gott Vater, Sohn und Heiligen Geist, sie wollen mich in diesem Leben durch ihre Gnade bewahren, daß ich nicht in die ewige Pein gerate (Ps 115,17), sondern die ewige Freude erlangen möge, in der ich sie in Ewigkeit mit allen Auserwählten loben kann, denn groß und abermals groß sind alle Wohltaten, die uns die Heilige Dreifaltigkeit erwiesen hat.

Wer wollte sich nicht über alle Maßen wundern über Gottes Gnade und Gunst gegen uns? Wer wollte nicht vor Freuden weinen, wenn er dies recht bedenkt? So will ich von Herzen singen:

O Gott, wenn ich all Wohltat dein
Mit reifem Sinn betrachte,
Dann spritzen mir beid Augen mein,
Vor Wunder[3] schier verschmachte.

[3] Bewunderung.

Ei, was soll ich nur wiederum,
Ei, was dem Herren geben?
Allweil wir ob so großer Summ
In lauter Wohltat schweben.

Umzinglet sind wir überall,
Sind um und um bezogen
Mit lauter Gnad auf allen Fall:
Gott, Gott ist uns gewogen.

* * *

‹6› In der kommenden Woche magst du täglich dreimal den Glauben beten, am Morgen, am Mittag und am Abend, aber jedesmal auf eine besondere Weise. Bei der ersten Weise sollst du hinzusetzen: *Ich opfere mich dir und gebe mich dir zu eigen*, bei der zweiten: *In deine Hände befehle ich mich*, bei der dritten: *Ich danke dir von Grund meines Herzens.*

Erster Artikel

O Gott Vater, ich opfere mich dir und gebe mich dir zu eigen mit Leib und Seele in Ewigkeit: denn du bist der allmächtige Vater, Schöpfer des Himmels und der Erde.

Seufze und ruhe ein wenig, und so tu bei allen Artikeln, wo dies Sternlein* steht. Das soll bedeuten, daß du da etwas ruhen und seufzen sollst anstatt einer Pause, weil dies das Gemüt erquickt.

Zweiter Artikel

O Gott Sohn, ich opfere mich dir und gebe mich dir zu eigen mit Leib und Seele in Ewigkeit: denn du bist

JESUS Christus, Gottes eingeborener Sohn, unser Herr.*

Dritter Artikel

O Gott Sohn, ich opfere mich dir und gebe mich dir zu eigen mit Leib und Seele in Ewigkeit: denn du bist empfangen vom Heiligen Geist, geboren aus Maria, der Jungfrau.*

Vierter Artikel

O Gott Sohn, ich opfere mich dir und gebe mich dir zu eigen mit Leib und Seele in Ewigkeit: denn du hast gelitten unter Pontius Pilatus, bist gekreuzigt, gestorben und begraben.*

Fünfter Artikel

O Gott Sohn, ich opfere mich dir und gebe mich dir zu eigen mit Leib und Seele in Ewigkeit: denn du bist abgestiegen zu der Hölle und am dritten Tag wieder auferstanden von den Toten.*

Sechster Artikel

O Gott Sohn, ich opfere mich dir und gebe mich dir zu eigen mit Leib und Seele in Ewigkeit: denn du bist aufgefahren in den Himmel und sitzest zur rechten Hand Gottes, des allmächtigen Vaters.*

Siebter Artikel

O Gott Sohn, ich opfere mich dir und gebe mich dir zu eigen mit Leib und Seele in Ewigkeit: denn von dannen wirst du kommen, zu richten die Lebenden und die Toten.*

Achter Artikel

O Gott Heiliger Geist, ich opfere mich dir und gebe mich dir zu eigen mit Leib und Seele in Ewigkeit: denn du bist die dritte Person in der Gottheit und gehst aus vom Vater und vom Sohn, ein wahrer Gott vom einen wahren Gott.*

Neunter Artikel

O Gott Heiliger Geist, ich opfere mich dir und gebe mich dir zu eigen mit Leib und Seele in Ewigkeit: denn du hast dir erwählt und geheiligt die heilige allgemeine christliche Kirche, in der auch die Gemeinschaft der Heiligen ist.*

Zehnter Artikel

O Gott Heiliger Geist, ich opfere mich dir und gebe mich dir zu eigen mit Leib und Seele in Ewigkeit: denn durch dich haben wir die Vergebung aller unserer Sünden, wenn wir nur durch deine Gnade recht büßen wollen.*

Elfter Artikel

O Heilige Dreifaltigkeit, ich opfere mich dir und gebe mich dir zu eigen mit Leib und Seele in Ewigkeit: denn wir werden auferstehen am Jüngsten Tag in diesem Leib und mit dieser Seele und werden anschauen unsern Heiland mit diesen unseren Augen.*

Zwölfter Artikel

O Heilige Dreifaltigkeit, ich opfere mich dir und und gebe mich dir zu eigen mit Leib und Seele in Ewigkeit:

denn nach diesem Leben erwarten wir ein anderes Leben. Amen.*

* * *

‹7› In der künftigen Woche nimm täglich zum bestimmten Viertelstündlein dieses Kapitel, um den Glauben zu üben.[4]

Ich glaub so fest an einen Gott,
Von Ewigkeit allmächtig,
Verspey[5] der vielen Götzen Rott[6]
Von Stein und Holz verächtlich.
All Kraft und Macht von Ewigkeit
Gott Vater hat alleine.
Sein ist allein all Herrlichkeit.
Wer ist nun, ders verneine?

Er schuf das glänzend Himmelsrund,
Sonn, Mond und Stern beineben;
Die Erd legt er zum Mittelgrund,
Mit Wasser hoch umgeben.[7]
Vom Vater kam es alles her,
(Merkt auf, ihr Menschenkinder!)

4 Spee legt jedem Apostel eine Strophe des Glaubensbekenntnisses in den Mund. Er folgt damit einer alten Legende, nach der jeder der Apostel bei ihrer letzten Zusammenkunft vor dem Weggang von Jerusalem einen Artikel des Glaubensbekenntnisses formuliert habe.

5 verachte.

6 Rotte, Schar.

7 Spee folgt dem biblischen Weltbild, nach dem die Erdscheibe mit dem Firmament oben und unten von gewaltigen Wassern umgeben ist.

Erd, Himmel und das große Meer
Im Augenblick geschwinde.

Ich glaub zugleich an JESUS Christ.
Möcht ihm mein Herz erbrechen.
Er gwiß mir drin gemalet ist,
Mag wohl mit Wahrheit sprechen.
Vom Vater ist er wunderlich[8]
Von Ewigkeit entsprossen,
Zu uns hernieder sanftiglich
Vom Himmel abgeflossen.

Geboren aus MARIA rein,
Von Gott, dem Geist, empfangen,
Ist worden uns ein Kindlein klein,
In Armen ließ sichs fangen.[9]
Die Mutter blieb ein reine Magd,
Gebar ohn männlich Samen:
Also ward Gott zur Welt gebracht
Und JESUS hieß mit Namen.

Für uns hat er sich geben dar,
Verspottet und verhöhnet.
Sein Leib ward ihm zerrissen gar,
Sein Haupt mit Dorn gekrönet.
Pilatus gab das Urteil kund,
Die Juden wolltens haben.
Am Kreuze starb er sehr verwundt,
Bald drauf wurd er begraben.

8 wunderbar.

9 umfangen.

Er fuhr zur Hölle tief hinab,
Zerbrach all eisern Pforten;
Dem Feind er großen Schrecken gab,
Er strafet sie mit Worten.
Der frommen Väter Kett und Band,
Die da gefangen lagen,
Zertrennet er mit starker Hand,
Stand auf nach dreien Tagen.

Zum Himmel fuhr er gschwind hinauf
In Lüften hoch erhoben.
All Geister liefen bald zuhauf,
Ihn tatens wunder loben.
Er sitzt ans Vaters rechter Hand,
Ein Sohn, von Gott geboren:
Regiert von dannen alle Land,
Ein König auserkoren.

Er kommt gewiß an jenem Tag
Die Welt gerecht zu richten,
Wird hören an all Red und Klag,
All Händel[10] wird er schlichten.
O Gott, wer mag alsdann bestehn
Und retten sich mit Rechte,
Wenn du willst zu Gerichte gehn
Mit deinem armen Knechte?

Ich glaub zugleich an einen Geist
Mit Vater und dem Sohne.
Und ob mans drei Personen heißt:

10 Streitigkeiten.

Ist nur ein Gott und Krone.
Sein Kirch hat er auf dieser Welt
Versehn mit Sakramenten.
Drin wohnen Völker ungezählt
Ohn Ketzer und Verblendten.[11]

Mit Gottes Heiligen wir all
Gemeinschaft sollen pflegen.
Sie retten uns vor Ungefall
Wir ehren sie dagegen.
Mit uns sie billig loben Gott
Ob seiner milden Güte.
Er lasset nach all Missetat,
Davor er uns behüte.

Das Weizenkörnlein nicht verdirbt.
Wenns fällt im Acker nieder:
Denn wenns schon in der Erde stirbt,
Doch kommt es endlich wieder.
Also wenn unser Fleisch und Blut,
Den Würmern übergeben,
Schon gar im Grab verwesen tut,
Doch wird es wieder leben.

Dann wird ein ewigs Leben sein
In Wollust oder Leiden:
Der Bös wird leben in der Pein,
Der Fromm in tausend Freuden.
Drum: was gesagt, nur wohl betracht,
Ihr Menschen groß und kleine:

11 Verblendete: blind für den rechten Glauben.

Nehmt frei mit Wacht die Schanz[12] in acht,
Denn ichs getreulich meine.

* * *

Übung des Glaubens mit biblischen Bildern

‹8› In der künftigen Woche kannst du täglich zum bestimmten Viertelstündlein noch auf eine andere Weise den Glauben üben.

Bemühe dich um ein Bilder-Buch, es sei dein eigen oder geliehen, darin das ganze Leben und Leiden Christi oder andere Geschichten der Heiligen Schrift enthalten sind. Man findet reiche Töchter, die ihr Spielgeld[13] an liederlichen Dingen vertändeln. Da könntest du es wohl besser und nützlicher anlegen und dir bei einem Maler ein ganzes Buch voll schöner Bilder, nur schwarz und weiß, entwerfen lassen. Oder du könntest allerhand Bilder sammeln und sie hernach einbinden lassen. Oder du könntest ein Buch kaufen, in dem biblische Bilder sind, wie man sie hin und wieder im Druck findet.

Es wäre zu wünschen, daß etliche fromme Leute die besten Künstler anregten, solche Bilder in Kupfer zu bringen. Auserlesen schön und kunstvoll ist die Passion Christi, die ein kunstreicher Geist mit Namen Callot in Lothringen[14] auf Kupfer geätzt hat. Den müßte man anregen, so fortzufahren und die ganze Bibel unter die Hand zu nehmen.

12 Chance.

13 Taschengeld.

14 Jacques Callot aus Nancy war Zeitgenosse Spees (1592-1635) und einer der großen Anreger der französischen Kunst über sein Jahrhundert hinaus.

Ein solches Buch aber sollst du dir zuzeiten, wenn du etliche schöne Werke des Glaubens üben willst, so zunutze machen wie ich es dir jetzt beschreibe.

Täglich zum bestimmten Viertelstündlein setz dich auf die Knie, mach das Kreuz, bete den Glauben und schlage das besagte Buch auf. Nimm das erste Bild, zum Beispiel die Verkündigung Mariae, betrachte es gut, und wenn du es angeschaut und die Augen erfreut hast, so hebe dein Herz zu Gott und sprich bei dir:

O Herr JESU, ich glaube wahrhaft, daß das so geschehen ist, was das Bild darstellt. Ich glaube, daß der Engel der heiligen Mutter die Botschaft gebracht hat. Ich glaube, Herr, ich glaube, und für diesen Glauben bin ich bereit, lieber mein Leben zu verlieren, als ihn zu verleugnen. Darauf tu einen tiefen Seufzer und schreite zum zweiten Bild.

Du kannst diese Weise auch brauchen in der Krankheit, denn die Kranken erfreuen sich gern an Bildern.

Du kannst auch einem anderen zugleich Gelegenheit geben, daß er mit dir den Glauben übt und es doch kaum merkt. Dann sagst du etwa zu deiner Gespielin[15]: Siehe da, ein schönes Bilder-Buch! Laß uns es anschauen. Da wird Christus ans Kreuz genagelt; da wird er ins Grab gelegt; da steht er von den Toten auf: glaubst du, daß das alles geschehen ist? Und sie wird antworten: Ja freilich, behüte mich Gott, wenn ich das nicht glauben würde! Darauf antworte du: Ja, ich glaube es auch, sonst würden wir übel dastehen.

Aus der besprochenen Weise, den Glauben mit Bildern zu üben, ergibt sich noch ein anderes Lehrpünkt-

15 Gefährtin.

lein. Man soll sich daran gewöhnen, den Glauben zu üben, wenn man in der Kirche oder hin und wieder in den Häusern, auf den Gassen, Friedhöfen oder anderswo gemalte oder in Stein gehauene Darstellungen der Heiligen Schrift sieht. Man kann dann geschwind die Gelegenheit ergreifen und im Herzen mit diesen oder ähnlichen Worten sprechen:

O Herr, ich danke dir für das, was da gemalt ist.

O Herr, sei gelobt in Ewigkeit!

O Herr, durch dieses Geheimnis sei mir gnädig.

O Herr, wie wollte ich gern, daß alle Menschen das glauben würden.

O Herr, wie wenig denken wir an deine Wohltaten.

Achte darauf, so oft du in dieser Woche an einem solchen Bild vorübergehst oder es in der Kirche siehst, daß du auf die besagte Weise den Glauben daran übst.

* * *

Übung des Glaubens mit Geschichten der Heiligen Schrift

‹9› Willst du dich noch mehrere Wochen im Glauben üben, so will ich dir hier eine besonders schöne Weise an die Hand geben, nämlich diese: täglich zum gewohnten Viertelstündlein setze dich auf die Knie oder anders, wie es dir gefällt, mach das Kreuz und lies allemal eine oder zwei Geschichten aus der Bibel. Wenn du sie gelesen und wohl verstanden hast, so erhebe dein Herz zu Gott und sprich also:

O mein Herr und Gott, ich glaube, daß dem so ist, denn es ist ja dein Wort.

Halte oft im Lesen inne und sage zum Beispiel: O

Herr, wer wollte zweifeln, daß es so ist. O Gott, ich glaube es von Herzen; eher will ich mein Blut als diesen Glauben verlieren.

Du wirst empfinden, daß du auf diese Weise nicht nur im Glauben, sondern auch im Vertrauen auf Gott mächtig zunehmen wirst. Denn es ist nicht zu sagen, wie sehr man anfängt, in allen Nöten auf Gott zu hoffen, wenn man sich die biblischen Geschichten oft zu Herzen führt. Man hat immer wieder merken können, daß die Ketzer, wenn sie bedrängt wurden, sich aus den Geschichten der Schrift in all ihren Schwierigkeiten dermaßen getröstet und gestärkt haben, daß es zu bewundern war. Daraus pflege ich zu schließen: Wenn diejenigen, die mit einem verkehrten Sinn zum Worte Gottes kommen, dennoch eine so starke Hoffnung und Zuversicht daraus schöpfen, wieviel mehr werden dann diejenigen, die mit einem demütigen, gehorsamen und der Kirche unterworfenen Verstand dazu kommen, daraus eine wahre und übernatürliche Hoffnung und ein tiefes Vertrauen schöpfen können.

Damit du nun auch weißt, welches die schönsten Geschichten der Schrift sind und wo du sie finden kannst, will ich sie in einem jetzt folgenden Register alle nacheinander daher setzen. Nimm dann jeden Tag eine, zwei oder drei zur Hand, wie es dir beliebt, bis du sie alle gelesen hast. Ich weiß, sie werden dir recht wohl gefallen. Diese Weise ist sehr nützlich, denn du

16 Diese Anregung gilt einmal für die Noviziatszeit, während der die Bewerberinnen der Frauengemeinschaft St. Ursula im Hause der Leiterin wohnten, zum anderen für die Damen dieser Gesellschaft, die in kleinen Wohngemeinschaften lebten (siehe oben S. 24).

lernst dadurch innerhalb von drei oder vier Wochen die wichtigsten Geschichten der ganzen Bibel.

Wenn du noch andere Jungfrauen bei dir hast,[16] magst du mit ihnen vereinbaren, daß je eine um die andere täglich zu Anfang der Handarbeit eine Geschichte der Schrift laut liest. Danach könnt ihr bei der Arbeit fragen und erörtern, was ihr nicht verstanden, und wiederholen, was ihr nicht behalten habt.

Diese Weise, den Glauben zu üben, ist auch für einen Kranken hilfreich, wenn er sich nämlich eine Geschichte der Schrift vorlesen läßt und darauf in seinem Herzen spricht: O Gott, ich glaube es. Ich will dabei leben und sterben, daß dein Wort wahrhaftig ist. Es gibt nichts Tröstlicheres für einen Kranken, als solche Geschichten zu hören.

Geschichten der Heiligen Schrift, die schön und kurzweilig zu lesen und zu erzählen sind[17]

1. Von der Erschaffung der Welt. Von Adam und Eva (Gen 1-3).
2. Von Abel und Kain (Gen 4).
3. Von der Sündflut (Gen 6-8).
4. Vom Regenbogen und Noes Trunkenheit (Gen 9).
5. Vom Turm zu Babel (Gen 11).
6. Von Abraham, wie er sein Vaterland verlassen hat (Gen 12-14).

[17] Im folgenden werden die ersten zwölf der von Spee aufgeführten siebzig Lektionen des Alten Testaments vollständig, die restlichen in Auswahl geboten. Spees Wertschätzung gilt besonders auch den Propheten und den Psalmen. Eine Art Zusammenschau der gesamten biblischen Botschaft bietet er unten S. 149-151.

7. Von Abraham, wie ihm Gott einen Sohn verheißen und einen Bund mit ihm geschlossen hat (Gen 15).

8. Wie die Heilige Dreifaltigkeit in Gestalt dreier Engel bei Abraham eingekehrt ist (Gen 18).

9. Von Abraham und seinem Sohn, den er hat opfern sollen (Gen 21-22).

10. Wie Abraham seinen Diener ausschickt, seinem Sohn Isaak eine Frau zu werben (Gen 24).

11. Wie Esau und Jakob geboren werden und wie Esau dem Jakob seine Erstgeburt verkauft (Gen 25).

12. Wie Jakob anstelle Esaus den Segen des Erstgeborenen bekommt (Gen 27).

15. Von Dina, der Tochter Jakobs (Gen 34).

16. Von Joseph, dem Sohn Jakobs, wie er geträumt hat und von seinen Brüdern nach Ägypten verkauft worden ist (Gen 37).

20. Von Mose, wie ihn die Tochter des Pharao am Hof erziehen ließ (Ex 1-2).

21. Wie Gott dem Mose erschien und ihn zum Pharao gesandt hat (Ex 3).

24. Wie die Kinder Israels das Osterlamm gegessen und davongezogen sind (Ex 12-14).

27. Wie Gott dem Mose geboten hat, das Volk solle sich zum Empfang des Gesetzes rüsten, und wie er die Zehn Gebote gegeben hat (Ex 19-20).

34. Wie Josue das Volk Israel nach dem Tod Mose in das Gelobte Land geführt hat (Jos 1-3).

39. Wie König Saul von Gott verworfen und wie David den Riesen Goliath erschlagen hat (1 Sam 16-17).

44. Wie David die Bundeslade in sein Haus geführt und vor ihr gespielt hat (2 Sam 6).

45. Davids Ehebruch und Totschlag und wie ihn der Prophet Natan gestraft hat (2 Sam 11-12).

51. Von dem Propheten Elia, wie er von einer Witwe gespeist wurde (1 Kön 17).

56. Wie Naaman vom Aussatz gereinigt wurde (2 Kön 5).

58. Die Geschichte von Tobit (Lies das Buch Tobit).

59. Die Geschichte von Judit (Lies das Buch Judit).

60. Die Geschichte von Ester (Lies das Buch Ester).

61. Die Geschichte von Ijob (Lies das Buch Ijob im 1., 2. und letzten Kapitel).

62. Wie Daniel am Hof des Königs Nabuchodonosor erzogen wird und dem König einen Traum auslegt (Dan 1-2).

69. Wie die sieben Brüder, die Makkabäer genannt, zusammen mit ihrer Mutter von dem Tyrannen Antiochus gemartert werden (2 Makk 7).

70. Wie Antiochus von Gott gestraft wird (2 Makk 9).

Zweiter Teil des Buches

Von der zweiten Göttlichen Tugend, nämlich von der Hoffnung oder der Liebe der Begierde

‹10› Ich will nicht wiederholen, was oben in der dritten Erinnerung der allgemeinen Unterrichtung über die Hoffnung oder Liebe der Begierde gesagt worden ist; wer es noch nicht gelesen hat, mag es jetzt lesen.

Du kannst dich aber in der anstehenden Woche in den Werken der Hoffnung üben wie folgt.

Zum bestimmten Viertelstündlein knie nieder und antworte auf die folgenden Fragen, die ich dir stellen will. Dann übst du jedes Mal ein herrliches Werk der Hoffnung.

Erste Frage

Sage mir vertraulich, wenn du alle Sünden, die du von Kindestagen an bis zur jetzigen Stunde begangen hast, auf deinem Gewissen hättest, und wenn du jetzt sterben und vor dem strengen Urteil Gottes erscheinen müßtest, wie wäre dir zumute? Wolltest du an Gottes Barmherzigkeit verzweifeln? Was würdest du anfangen? Denk ein wenig nach und antworte, was du tun würdest.

Antwort: O nein, ich würde nicht verzweifeln. Ich würde gleichwohl hoffen, daß Gott mir gnädig ist. Wenn ich aus tiefer Not zu Gott schreien und recht inniglich meine Sünden bereuen würde, so würde er mich erhören.

O Gott, das und noch viel mehr erhoffe ich von deiner Barmherzigkeit, und diese Hoffnung soll mir in Ewigkeit nicht aus dem Herzen gerissen werden. Denn ich kenne dich viel zu gut, o allermildester JESUS! Deine Liebe zu deinen armen Kindern ist viel zu groß; du hast dich viel zu viel eingelassen und uns versprochen. Mit all deiner Allmacht kannst du nicht zuwege bringen, daß du einen einzigen recht büßenden Sünder von dem Gnadenthron deiner ewigen Güte verstößt. Warum sollte ich dann verzweifeln?

Ach, möchten doch alle Sünder der ganzen Welt dich recht erkennen! Wie würde es ihnen so leid sein, daß sie einen so guten Herrn je erzürnt haben.

Zweite Frage

Wie aber, wenn du dein ganzes Leben nie etwas Gutes getan, aber alle Sünden auf dem Gewissen hättest, die alle bösen Geister und Menschen von der Erschaffung der Welt bis auf diese Stunde begangen haben: würdest du nicht verzagen? Denk nach und gib mir Antwort!

Antwort: Ich würde nicht verzagen.

Dritte Frage

Wenn du aber in diesem Zustand plötzlich in Todesnot geraten würdest, zum Beispiel mitten auf dem Meer Schiffbruch erlittest, wie würdest du bestehen?

Halte dir dies vor Augen und sage mir, was du meinst. Das Schiff senkt sich, das Gewitter nimmt überhand, es ist keine Kreatur, die dich retten könnte, kein Priester ist da, der Abgrund wartet auf dich: jetzt, jetzt wirst du in alle Ewigkeit verloren sein! Meinst du nicht, daß du verzweifeln würdest?

Antwort: Nein, nein, ich würde dennoch nicht verzweifeln. Ich würde aus Herzensgrund zu Gott rufen und ihm das kostbare Blut JESU Christi vorhalten. Ich würde unerschütterlich hoffen und vertrauen, daß er mir dennoch helfen und sich meiner augenblicklich erbarmen würde.

Vierte Frage

Du hast recht geantwortet und tust der Majestät Gottes eine Ehre an, weil du eine so herrliche Meinung von ihrer Güte hast. Nun aber höre weiter: wenn etwa Gott der Herr dich wegen deiner Sünden mit einer ganz abscheulichen Krankheit gestraft hätte, wie er es mit dem gottlosen König Antiochus getan hat (2 Makk 9), so daß wegen des greulichen Gestanks niemand bei dir bleiben könnte. Auch deine Eltern hätten dich zum Haus hinausgestoßen und du müßtest sterben wie ein Tier, ohne allen menschlichen Trost und Beistand. Auch ein Priester, den du hättest rufen lassen, wäre von dir weggelaufen und hätte gerufen, Gott hätte dich verworfen, du müßtest verdammt sein. Was wolltest du beginnen? Würdest du nicht endlich verzweifeln? Gib mir Antwort:

Antwort: Ich würde dennoch nicht verzweifeln.

Fünfte Frage

Wenn aber weiter deine Kräfte abnehmen und eine große Anzahl von bösen Geistern dich umzingeln und dir zuschreien würden, du wärst ihnen in Ewigkeit überliefert. Würdest du noch nicht verzweifeln?

Antwort: Ich würde gewiß nicht verzweifeln, denn Gott könnte mich in einem Augenblick erretten.

Sechste Frage

Wenn du nun in dieser Lage zu allen Heiligen Gottes rufen würdest, und sie würden dir mit einhelliger Stimme antworten, sie könnten dir nicht mehr helfen, es sei zu spät. Gott hätte dich schon in Ewigkeit verworfen. Wolltest du noch nicht verzweifeln?

Antwort: Ich würde noch nicht verzweifeln.

Siebte Frage

Wenn selbst die Mutter Gottes dir eine solche Antwort geben würde, dann müßtest du doch wohl allen Mut sinken lassen?

Antwort: Nein, ich wollte dennoch hoffen, so lange ich Atem hätte.

Achte Frage

Gesetzt aber der Fall, daß Christus selbst dir erscheinen und sagen würde, sein himmlischer Vater wolle sein heiliges Blut nicht mehr ansehen, du müßtest verdammt sein. Würdest du dennoch hoffen?

Antwort: Ich würde dennoch hoffen, denn ich könnte mich dennoch wieder mit Gott versöhnen. Sein väterliches und mütterliches Herz ist unendlich zart und mild, daß es ihm in einem Augenblick zerbrechen muß, wenn ein Sünder es nur mit einer rechten Reue anrührt.

Neunte Frage

Wie, du wolltest Christus nicht glauben? Sollte er denn lügen können? Dann müßtest du aber doch gewiß verzweifeln.

Antwort: Nein, durchaus nicht. Denn selbst wenn Gott selber sagen würde, er wolle mich verdammen, so wäre das doch nur zu verstehen für den Fall, daß ich mich nicht zu Lebzeiten zu ihm bekehren wollte (Ijob 31,33). Und deshalb würde ich mich nicht verloren geben, sondern meine Sünde bereuen und mit dem verlorenen Sohn wiederkehren (Lk 15). Er würde mich aus grundloser Barmherzigkeit wieder aufnehmen, wie er es auch mit den Ninivitern (Jona 3) und anderen getan hat, denen er das Leben schon abgesprochen hatte und sie dennoch wieder in Gnaden aufgenommen hat.

Ich halte mich an das Beispiel Davids, der im 17. Psalm[1] gesungen hat:

Der Höllen Angst obhanden war,
Das Heil war viel zu fern;
Der Tod hat mich umstricket gar,
Da rief ich zu dem Herrn.

Der aus dem gülden Tempel sein
Mein Stimm gar bald vernommen,
Und sind für ihn die Klagen mein
Zu seinen Ohren kommen.

Er machet mir gleich neuen Mut,
Reckt her sein Arm und Hände,
Verhalf mir aus der Wasserflut
In aller Eil behende.

* * *

‹11› In der anstehenden Woche magst du täglich folgende kleine, aber doch kräftige Übung zum bestimmten Viertelstündlein zur Hand nehmen. Lies zuerst das Fundament der Übung, das ich hier vorausschicken werde, langsam durch und stelle es dir vor. Danach wende dich den Fragen zu, die folgen werden.

1 Ps 18 nach der heute üblichen Zählung.

Fundament der folgenden Übung

Stell dir einen großen Haufen Pulver vor, so groß wie die Welt. Wenn nun dieses Pulver zu nahe an einen Funken Feuer käme: mein Gott, wie würde das Feuer alsbald wirken und mit einem Mal alles in lichten Flammen stehen und den ganzen Haufen verzehren, und wenn er noch tausendmal größer wäre!

Dies, sage ich, stell dir vor als Fundament. Danach merke dir die folgenden drei Punkte.

1. Wie das Pulver eine sehr taugliche Materie zum Anzünden ist, so ist alle Armseligkeit des Menschen, vor allem die Sünde, eine recht und allein taugliche Materie der Erbarmung. Ja, je größer und zahlreicher die Sünden sind, desto tauglicher wird der Mensch für das Erbarmen.

2. Gott ist von seiner Natur aus unendlichmal mehr zum Erbarmen geneigt, als das Feuer zum Anzünden, denn die Neigung Gottes zum Erbarmen ist unendlich.

3. Wenn die Sünden einem recht mißfallen, wenn man sie vor den Augen Gottes enthüllt und ernsthaft sein Erbamen sucht: dann hält man damit seine Sünden nahe an die Barmherzigkeit Gottes; dann ist jedes Hindernis hinweggenommen und das Feuer beginnt zu wirken.

Es folgt die Übung selbst

Erste Frage

Wohlan denn, meine Seele, dir mißfallen ja alle deine Sünden? Du willst in Ewigkeit nichts mehr mit ihnen zu tun haben? Du hältst sie alle Gott vor Augen und begehrst Gnade und Barmherzigkeit?

Antwort: Ja, das ist mein Begehren.

Zweite Frage

Du glaubst und hoffst auch, daß der allmächtige Gott eine unendlich größere Neigung hat, sich über dich zu erbarmen, als das Feuer die Neigung hat, das Pulver anzuzünden?

Antwort: Ich glaube und hoffe es. Denn die Neigung des Feuers ist endlich, aber die Neigung Gottes zum Erbarmen ist unendlich: denn die Barmherzigkeit Gottes ist Gott selber.

Dritte Frage

Sollte es wohl möglich sein, daß das Feuer sich davon enthält, das Pulver sofort zu entzünden und zu verzehren, wenn es nahe daran gehalten wird?

Antwort: Das ist unmöglich.

Vierte Frage

Sollte es denn wohl möglich sein, daß Gott sich zurückhalten könnte, wenn du ihm deine Sünde und Armseligkeit vorgelegt hast, und daß seine unendliche Barmherzigkeit nicht alsbald mit Gewalt zu wirken beginnt und im Augenblick all deine Missetaten – wie ein Pulver – verzehrt?

Antwort: Das ist gewiß ganz unmöglich. Denn er kann und will seine Barmherzigkeit mit all seiner Allmacht nicht von einem armen, zerknirschten Herzen abwenden. Das ist mein Glaube und meine Hoffnung, damit will ich leben und sterben.

Fünfte Frage

Sollte es aber möglich sein, daß man jemals verzweifelt, wenn man einen solchen Gott hat?

Antwort: Nein, wenn man das bedenkt, ist es unmöglich, zu verzweifeln.

Zum Abschluß

O Gott, auf dich will ich vertrauen. Laß mich doch in Ewigkeit nicht zuschanden werden!

So magst du singen mit dem König David (Ps 129[2]):

Zu dir aus tiefem Grunde
hab ich gerufen, Herr:
Ach, höre mich zur Stunde,
Nicht bleibe doch so fern.
So du die Zahl der Sünden
Vielleicht wollst schauen an,
Wer wird ohn Schaden können
Vor deinen Augen stahn?

Ein Gnadenmeer verschlossen
In deinem Herzen liegt,
Das kommt mit Hauf geflossen,
Wenn uns die Not anficht.
Drum nie will ich verzagen,
Auf dich will harren fest,
Wenn mich bei trüben Tagen
Schon Licht und Glanz verläßt.

2 Ps 130 nach der heute üblichen Zählung.

Ach, Israel, mich höre,
Was dir von Herzen rat:
Kein Ungemach dich störe,
Nit zage früh noch spat:
Wenn sich der Tag entzündet
Zur ersten Morgenwacht,
Dein Hoffnung sei gegründet
Auf Gott bis in die Nacht.

Auf ihn wer sich geleinet[3]
Mit festem Heldenmut,
Die Gnad ihm bald erscheinet,
Der Streit kommt ihm zugut.
Da unser Gott so milde
Voll Süß- und Gütigkeit
All unser Schutz und Schilde
Verbleibt in Ewigkeit.

* * *

‹12› Diese Woche magst du dich alle Tage ein viertel oder halbes Stündlein also üben.

Fundament der folgenden Übung

Lies langsam, was hier folgt, und bedenke es ein wenig, damit es sich recht ins Herz hinein senke.

Ich fand in den alten Büchern eine wunderbare Geschichte, die lautet also: Es war vor Zeiten eine mächtige Kaiserin. Die gebar ein liebes Kind und liebte es

3 gelehnt, gestützt.

über alle Maßen, wie aus folgenden Einzelheiten hervorgeht.

1. Obwohl sie so hohen Geblütes war, schenkt[4] sie ihm doch selber und nährt es an ihren Brüsten. Sie wollte nicht, daß es sich an die Milch einer anderen Frau gewöhnen sollte.

2. Sie bestellte allein für dieses Kind eine Frau, die es an Stelle der Kindermagd pflegen sollte.

3. Sie war dennoch so besorgt um das Kind, daß sie es selbst tragen wollte; sie trug es den ganzen Tag in ihren Armen, ja, auch die ganze Nacht behielt sie es bei sich und ließ es nie auch nur für kurze Zeit aus den Augen.

4. Wenn es schon geschah, daß sie es aus den Händen geben mußte, ließ sie das Bild des Kindes in ihre Hände malen, damit sie es immer vor Augen hätte.

5. Damit es auch nicht im geringsten gekränkt würde, nahm sie sich die Zeit und zählte alle Haare seines Hauptes.

6. Was als besonders seltsam und unerhört empfunden wurde: sie trug es stets auf ihren Armen, auch als es schon groß geworden war, so daß die ganze Welt rief, die Kaiserin sei vor lauter Liebe toll und närrisch geworden.

Ich aber denke bei mir, welch eine mächtige Kraft die Liebe hat, und ich kann mich nicht genug wundern, daß es je auf Erden eine solche Mutter gegeben hat.

Dennoch weiß ich gewiß und glaube aus fester Überzeugung, ja, schwöre dir bei der Heiligen Dreifaltigkeit und verpflichte mich, im ewigen Feuer der Hölle zu brennen, wenn nicht Gott der Allmächtige, der Schöpfer Himmels und der Erde, wahrhaft eine solche Mut-

[4] stillt sie es.

ter ist. Er, er selbst, Gott Vater, Sohn und Heiliger Geist ist eine solche Mutter, und wir sind seine Kinder. Denn:

1. Er ernährt uns und säugt uns an seiner Brust, wie die Schrift sagt (Hos 2,14; Jes 66,12).

2. Er hat unzählbar viele Engel erschaffen, die auf uns achten und uns dienen sollen, wie die Schrift sagt: Seinen Engeln hat er deinetwegen befohlen, daß sie dich auf all deinen Wegen bewahren sollen (Ps 90,11).

3. Er trägt uns dennoch selbst auf seinen Armen, auch da wir groß und alt geworden sind, wie die Schrift sagt: Nun höret mich doch, ihr übrigen vom Hause Israel, die ich in meinem Schoß trage: Ich selbst will euch tragen bis zum hohen Alter, bis zu den greisen Haaren will ich euch tragen. Ich habe euch geschaffen und will euch selig machen (Jes 46,3-4).

4. Er hat auch unser Bildnis in seine Hand gemalt, denn die Schrift sagt: Siehe da, in meine Hände habe ich dich gezeichnet (Jes 49,16).

5. Er hat auch alle unsere Haare gezählt, wie die Schrift sagt: Alle Haare eures Hauptes sind gezählt (Mt 10,30; Lk 21,18).

O Gott, was ist dies für eine wunderbare Mutter! Wie könnte uns denn eine solche Mutter in Ewigkeit verlassen?

Nun folgt die Übung selbst

Wenn du das vorstehende Fundament gelesen und recht ins Herz gefaßt hast, so stelle dir JESUS, deinen geliebten Bräutigam, vor und denke, daß er dir aufgrund des genannten Fundamentes die nachfolgenden

Fragen stellt. So oft du darauf antwortest, übst du ein Werk der Hoffnung und dein Herz wird im Vertrauen auf Gott mehr und mehr gefestigt.

Christus JESUS fragt seine Braut vom Kreuze her:

Erste Frage

Mein Kind, was denkst du von der Mutter, wie sie oben beschrieben wurde? Könnte eine noch größere Liebe gedacht werden? Sollte sie wohl je ihr Kind vergessen können?

Antwort: Keineswegs. Es ist undenkbar, daß sie ihr Kind vergißt, zu dem sie eine so unaussprechliche Liebe hat.

Zweite Frage

So ist es recht, mein Kind, so kann ich auch gewiß deiner nicht vergessen. Denn in der Heiligen Schrift sage ich durch den Propheten Jesaja: Kann wohl eine Mutter ihres Kindes vergessen, daß sie sich seiner nicht erbarme? Und wenn sie schon ihres Kindes vergäße, so will ich dennoch deiner nicht vergessen (Jes 49,15), da meine Liebe gewiß viel größer ist, ja unendlich groß: glaubst du das mit festem Vertrauen? Gib mir Antwort!

Antwort: Ja, Herr, ich glaube es mit festem Vertrauen: denn du liebst mich mit einer unendlichen Liebe. Du bist meine Mutter und ich bin dein Kind, du kannst mich in Ewigkeit nicht vergessen.

Dritte Frage

Sage an, mein Kind, glaubst du auch, daß ich dich Tag und Nacht vor Augen habe? Daß ich dich an meiner Brust tränke, in meinen Armen trage und nicht zulasse, daß dich jemand aus meinen Händen und aus meinem Herzen wegreißt, wenn nicht du selbst dich von mir abkehren willst?

Antwort: Ich glaube und vertraue und hoffe ganz zuversichtlich, daß du mich für immer vor allen Feinden des Leibes und der Seele bewahren wirst. Aber gib mir deine Gnade, daß ich selbst mich nicht von dir abwenden und verführen lasse.

Vierte Frage

Glaubst du auch, daß ich alle Haare deines Hauptes gezählt habe und ohne mein Wissen kein einziges verloren geht?

Antwort: Ich glaube und vertraue. Ach Gott, daß doch alle Welt erkennen möge, eine wie gütige, liebreiche Mutter du bist! Ich glaube, alle Sünder würden in einem Augenblick zur Buße angelockt und kein einziger Mensch würde je verzweifeln.

Fünfte Frage

Mein Kind, wen hast du auf dieser Welt, der dich am meisten liebt? Ist wohl jemand, der dich mehr liebt als ich?

Antwort: Nein, gewiß nicht.

Hat dich jemand stets so in seinem Herzen und in seinen Gedanken getragen wie ich? – Nein.

Ist je einer für dich in den bitteren Tod gegangen wie ich? – Nein.

Hat je einer dich mit seinem eigenen Fleisch und Blut genährt wie ich? – Nein.

Ist einer, auf den du mehr trauen und bauen könntest als auf mich?

Ach nein, nein. Es ist niemand, der es so väterlich und mütterlich mit mir meint. Auf niemand kann ich mich so verlassen wie auf dich allein, du Liebhaber aller christlichen Seelen.

Sechste Frage

Mein Kind, du vertraust mir noch nicht recht. Du suchst deinen Trost noch mehr bei diesem oder jenem Menschen als bei mir. Sage mir: ist es nicht so?

Antwort: Mein allerliebster Herr, ich vertraue dir mehr als allen Kreaturen. Du bist wahrhaftig mein höchster Trost und meine tiefste Hoffnung. Wenn ich dich nur haben kann, dann will ich gern alle Menschen fahren lassen.

Siebte Frage

Deine Worte sind gut, ich glaube dir aber nicht. Du meinst es gut, aber du kennst dich selber nicht. Wenn ich dir nun heute alle Menschen nehmen würde, die dir lieb sind, und ich ließe dich ganz allein: was würdest du dazu sagen?

Antwort: Ach Gott, es würde mir schwer ankommen. Doch wenn es so sein müßte, wollte ich dennoch zufrieden sein und mich unter dem Kreuz in meinem Kämmerlein niedersetzen und nichts anderes tun als zu dir, meinem gekreuzigten Bräutigam, seufzen und weinen.

Achte Frage

Sag aber weiter, mein Kind, wenn du heute sterben solltest und ich nicht wollte, daß ein einziger Mensch bei dir ist, der dich trösten und in deinen letzten

Nöten stärken könnte und ich allein statt aller anderen bei dir bleiben wollte: wärest du damit zufrieden?

Antwort: Ach, treuer Herr, es würde mir sehr schwerfallen. Ich bekenne meine Schwachheit. Denn wenn ich so von aller Welt verlassen wäre, da würden mich wohl kleinmütige Gedanken überkommen. Dennoch denke ich, daß ich endlich wohl zufrieden sein wollte, wenn ich nur ganz und gar gewiß wäre, daß du wahrhaftig bei mir bleiben und mich nicht verlassen wolltest. Da meine ich, ich wollte dann an dir genug haben und mich aller menschlichen Hilfe begeben.

Neunte Frage

O mein armes Kind, bedarfst du noch mehr der Beteuerung? Was bist du so zaghaft? Glaubst du denn nicht, daß ich dich unendlich liebe? Und was wäre das für eine Liebe, wenn ich dich verlassen könnte? Könnte denn die Mutter, die ich oben beschrieben habe, ihr allerliebstes Kind in der allerhöchsten Not verlassen und ihm nicht bis zum letzten Atemzug beistehen? Wie denn, mein auserwähltes Kind: bin ich nicht eine solche Mutter? Habe ich nicht eine tausendmal größere Liebe als sie? Sollte ich nicht so treu, sorgsam und standhaft meinem Kind in seiner letzten Not beistehen wie diese Mutter? Was hältst du von mir? Wo ist deine Zuversicht und Hoffnung?

Antwort: Ich hoffe, o Herr, ich hoffe. Deine Worte sind mir sehr tröstlich, sie stärken mein Herz. Ich bitte dich durch dein kostbares Blut, du wollest mich noch weiter stärken, daß ich allen menschlichen Trost geringschätzen und allein auf dich vertrauen kann. So will ich mit dem König David, mit Ijob und anderen singen:

O Gott, bin ganz in deiner Hand,[5]
Dich stets halt in Gedanken.
All meine Werk sind dir bekannt,[6]
O Herr, laß mich nit wanken.
All meine Schritt, all meine Tritt
Sind, Herr, bei dir gezählet,[7]
Ja, auch sogar all meine Haar,[8]
Daß nicht ein einzigs fehlet.

Wenn deine Flügel spannest aus,[9]
Will mich ganz drunter legen.
Du bist mein Burg, mein festes Haus,[10]
Kein Ding soll mich bewegen.[11]
Was soll ich dann in Sorgen stahn
Und stören mein Gemüte?
Weil ohne dich nichts rühret mich,
Wie sehr man immer wüte.

* * *

‹13› In der folgenden Woche magst du dich täglich eine halbe Stunde lang üben wie folgt.

5 Ps 30,16.
6 Ps 138,1.
7 Jjob 14,16.
8 Mt 10,30.
9 Ps 16,8.
10 Ps 17,3.
11 Ps 45,2-4.

Fundament der folgenden Übung

Als Fundament lies langsam die folgende Parabel, denn es ist nicht in Worten auszusprechen, wie von Herzen gern unser allgütigster, mildreicher Gott einen jeden, auch den größten Sünder, wieder als sein allerliebstes Kind annehmen will, wenn man nur zu ihm zurückkehrt.

Ach Gott, wenn doch nur alle Sünder wüßten, daß wir einen über alle Maßen gütigen Vater haben, wie würden sie sich von Herzen gern bekehren! Es wäre unmöglich, daß auch nur ein einziger Mensch verzweifeln könnte. Nun lies die Parabel.

Parabel

Einstmals im kalten Winter mitten in der Nacht sah ich im Mondschein an einer armen Hütte ein schönes Knäblein, das hatte in seiner Hand einen Hirtenstekken und weinte bitterlich. Ich sprach zu ihm: Mein frommes Kind, wo gehörst du hin? Was weinst du?

Antwort: Ich bin der Sohn eines reichen und mächtigen Königs. Sein Reich ist fern von hier. Nun hatte mein Vater hundert Schafe. Eins davon ist ihm weggelaufen und irrt armselig in der Wüste umher. Da wollte mein Vater, ich solle ihm nachlaufen und es suchen, wenn es mich auch das Leben kosten sollte. O Gott, wo soll ich nun das Schäflein finden? Wo mag es nur sein in der großen Wüste?

Frage: O mein Kind, dein Vater ist ein König und ein reicher und mächtiger Herr. Warum liegt ihm denn so viel an einem einzigen armseligen Schäflein?

Antwort: Mein Vater könnte das Schäflein sehr wohl entbehren, denn er ist überaus reich. Aber er liebt dieses Schäflein so sehr, daß es nicht zu sagen ist; seine große Liebe macht das Schäflein so wertvoll und kostbar. Er fragt jede Stunde nach dem Schäflein. Er redet schier von nichts anderem mit seinen Höflingen und Dienern.

Frage: Wenn dein Vater das Schäflein wiederhaben will, warum schickt er nicht einen von seinen Dienern? Warum mußte er seinen einzigen Sohn schicken, vor allem in so bösem Wetter und im Winter und in einer so gefährlichen Einöde?

Antwort: Es ist wahr. Mein Vater hätte wohl auch einen oder mehrere seiner Diener schicken können. Aber er hat ausdrücklich seinen allerliebsten eingeborenen Sohn schicken wollen, damit alle Welt erkennen könne, eine wie überschwenglich große Liebe er zu seinem Schäflein hat. Denn wenn die Menschen sehen, wie der Sohn des Königs selbst über Berg und Tal läuft; wie er seine Füße und Hände an scharfen Steinen und spitzen Dornen verwundet und gar sein Angesicht verletzt; wenn sie ihn bei Tag und Nacht, früh und spät rufen hören: O Schäflein, Schäflein, wo bist du? Ich bin des Königs Sohn. Kehr wieder, o kehr wieder! Ich selbst will dich zu meinem Vater bringen. Ich will dich auf meinen Armen tragen ... Wenn die Menschen das sehen und hören, werden sie über die große Liebe meines Vaters staunen und sagen: O Gott, wie sehr liebt der König dieses Schäflein! Was ist dies ein gütiger König! Wer wollte nicht diesen König lieben? Wer wollte nicht zu ihm zurückkehren? Wer wollte nicht auch sein auserwähltes Schäflein sein und bleiben?

Frage: Mein gutes Kind, wenn du nun heute das Schäflein finden würdest, was würdest du tun? Würdest du es nicht bestrafen, weil es von der Herde deines Vaters weggelaufen ist?

Antwort: Ach, käme es nur wieder! Der Zorn ist schon vorüber. Es soll ihm in Ewigkeit nicht zugerechnet werden. Ich liebe auch selbst das Schäflein ebensosehr wie mein Vater.

Frage: Wie aber, wenn wilde Tiere dein Schäflein zerreißen wollen, was würdest du dann machen?

Antwort: Ich weiß in dieser Wüste einen Berg, genannt Kalvaria. Darauf steht ein hohler Baum des Kreuzes. In diesem Baum will ich geschwind mein Schäflein verbergen und mich davorstellen. So würden sie über mich herfallen und das Schäflein vergessen. Dann wollte ich ihnen zurufen: Ach, kommt her zu mir, ihr wilden Tiere der Wüste, fallt über mich her und vergießt mein junges Blut. Es soll euch alles preisgegeben sein, wenn nur mein allerliebstes Schäflein leben kann!

Als das schöne Knäblein so mit mir geredet hatte, weinte auch ich mit ihm und sprach: O Gott, wie sehr hast du die Welt geliebt, daß du deinen Sohn für uns in den Tod gegeben hast, damit alle, die an ihn glauben und sich bekehren, nicht verloren gehen, sondern das ewige Leben haben (Joh 3,15).

Es folgt die Übung selbst

Wenn du diese Parabel gelesen hast, dann frage dich, wie es hiernach steht. Indem du antwortest, übst du zugleich ein Werk der Hoffnung und der Liebe.

1.

O meine Seele, bin ich nicht dieses Schäflein, das verloren ist und das JESUS Christus, der Gute Hirt, so eifrig sucht, um es zu seinem Vater zu bringen? Halte ein wenig still und danach antworte.

Antwort: Ja freilich. Ich bin das Schäflein. Ich bin durch die Sünde weggelaufen und verlorengegangen.

2.

Wie aber, meine Seele, will ich denn ewig verloren bleiben und mich nicht wieder zu meinem Vater führen lassen? Will ich nicht den Kreaturen, die mich verführt haben und wieder verführen können, ganz absagen?

Antwort: Behüte Gott, daß ich nicht wiederkehren wollte. Nein, nein, ich will wiederkehren. Mein Herr JESUS wird mich wieder mit Freuden aufnehmen, und alle Engel werden frohlocken, daß ich wiedergefunden bin.

3.

Ei dann, meine Seele, ist dirs leid von Herzensgrund, daß du deinen himmlischen Vater betrübt und seinen eingeborenen Sohn in so großes Elend gestürzt hast, so daß er seinen Leib und sein Leben in den Tod gegeben hat, um dich zu suchen?

Antwort: O Gott, wem sollte das nicht leid sein? Es reut mich von Herzen. Aber ach, es ist geschehen. Nun hoffe ich auf seine Gnade. Er wird es mir verzeihen.

4.

Bedenke auch, meine Seele, ob du hinfort ihm allein anhangen und allen Kreaturen einmal redlich gute Nacht sagen willst. Verlasse das Geschöpf, und du findest den Schöpfer. Er allein ist aller Liebe wert, er allein kann dein Herz sättigen und erfüllen. Er allein ist es, der dich redlich liebt und nach dir verlangt; liebe auch du ihn und und verlange nach ihm allein: denn in ihm allein ist alle Lust, Freude und Lieblichkeit, die du je erdenken und begehren kannst. Was dünkt dich: willst du alles fahren lassen und ihm dein Herz freiwillig schenken?

Antwort: Ja freilich, freilich, es ist doch alles eitel und vergänglich, was auf dieser Erde ist. Ade, ade alle Kreaturen, es muß einmal gewagt sein! Es muß einmal geschieden sein, damit ich nicht vielleicht in Ewigkeit von Gott geschieden werde. Amen.

* * *

‹14› Zum gewohnten halben Stündlein in dieser Woche halte dir folgende Fragen vor (oder denke, dein Beichtvater halte sie dir vor) und antworte darauf; dann wird in dir die Hoffnung erweckt, daß du es recht am Herzen fühlen wirst.

Erste Frage

Mein Kind, wenn zu dieser Stunde ein Heide – ein wie greulicher Sünder er auch sein Leben lang gewesen sein mag – zum Bekenntnis unseres Glaubens und zur Reue über seine Sünden käme und sich taufen ließe:

lehrt dann nicht unser Glaube, daß er alsbald von Gott als ein allerliebstes Kind angenommen und ohne irgendeine Strafe zur Gemeinschaft der Heiligen und zum Erbe des Himmels zugelassen würde?

Antwort: Ja, ich muß es bekennen.

Zweite Frage

Wohlan denn: wenn Gott sich so bald einem solchen Heiden zuwendet, warum sollte er sich nicht auch uns zuwenden, die wir seit langem getauft sind und auch bereit, unser Leben zu bessern? Sollte dein Herz weniger Gott und seinen Geboten zugeneigt sein, als das Herz eines Heiden, der sich jetzt erst taufen lassen will?

Antwort: Es sollte mir leid sein, wenn ich Gott nicht mehr zugeneigt wäre als ein Heide, der ihn bisher nicht erkannt hat. Ich hoffe, was du einem solchen Heiden in der Taufe geben willst, das wirst du auch einem Christen durch das Sakrament der Buße freigebig mitteilen. Sonst dünkt mich, Herr, es sei für dich nicht rühmlich, daß du gegen einen Fremden freigebiger sein wolltest als gegen deine Hausgenossen.

Dritte Frage

Mein Kind, wenn du nun sterben solltest: fürchtest du auch sehr das Fegefeuer? Meinst du, wenn du mit rechtem Vertrauen von Christus, dem Gekreuzigten, begehren würdest, er wolle dir durch das Sakrament der Buße oder des Altares alle Strafen freigebig hinwegnehmen, er würde dir dies verweigern? Ich meine, er würde es dir nicht verweigern. Wenn du aber zweifelst und dich fürchtest, so höre, was ich dich weiter frage.

Vierte Frage

Sage mir: wenn nun mit dir ein Heide sterben würde und er deinen Glauben und deine Reue annehmen würde und sich taufen ließe, würdest du dann fürchten, daß er in das Fegefeuer käme?

Antwort: Mitnichten. Denn mit der Taufe würden ihm auch alle Strafen vergeben.

Fünfte Frage

Wohlan, meinst du, der gütige Gott habe für die Heiden ein solch sicheres Mittel hinterlassen, durch das sie an ihrem Ende von aller Sündenstrafe erlöst würden, und er sollte für seine auserwählten Kinder, die ihren treuen Vater ein ganzes Leben hindurch erkannt und an ihn geglaubt haben, nicht ein ebenso leichtes Mittel hinterlassen haben, denen das Fegefeuer so weh tun würde wie den bekehrten Heiden? Warum sollte diesen von Gott ein Mittel bereitet sein, dem Fegefeuer zu entgehen, und dir nicht? Sage mir: was empfindest du in deinem Gemüt, wenn du dies bedenkst?

Antwort: Oh, ich empfinde einen starken Trost in meinem Herzen. Du gibst mir Mut, daß ich mich der abgrundtiefen Barmherzigkeit unseres getreuen Gottes ganz und gar übergebe. Darum vertraue ich darauf, daß er auch allen Christen ein solch unfehlbares Mittel hinterlassen hat, dem Fegefeuer zu entgehen.

Sechste Frage

Was meinst du aber, welches Mittel das sei? Ich meine, es sei dieses: daß man es an seinem letzten Ende mit einem festen Vertrauen ohne Wankelmut durch seinen bitteren Tod und sein Blut begehrt und darauf ein letztes Sakrament und im besonderen die Wegzehrung empfängt. Ich meine, wer so stirbt, geht von Mund auf[12] durch den Tod zum Leben.

Die aber, die ins Fegefeuer kommen, meine ich, haben es nicht mit Vertrauen ohne Wankelmut von Gott begehrt und entweder nicht bedacht oder Gottes unendlicher Güte mißtraut oder zuviel auf ihre eigenen Verdienste gebaut, und darum geschieht ihnen recht. Du aber nicht so, mein Kind, nicht so. Du sollst eine größere Meinung von der Freigebigkeit Gottes haben. Du sollst auch nicht über deine guten Werke nachdenken, ob du eine solche Gnade verdient hast oder nicht, sondern du sollst dich ganz allein auf Gottes Freigebigkeit und auf das Blut Christi verlassen. Es ist ja kein Kinderspiel, daß Gott für dich gestorben ist. Was sagst du dazu? Fühlst du nicht in deinem Herzen, daß du schon jetzt, während ich rede, ein viel stärkeres Vertrauen auf Gott gesetzt hast, als du es zuvor hattest? Sage mir die Wahrheit.

Antwort: Ich fühle, daß mein Herz gestärkt wird. Darum fahre fort und halte mir noch mehr solcher Fragen vor, damit mein Vertrauen zu Gott noch mehr wachse.

Siebte Frage

So sage denn: wenn ein Heide jetzt willens wäre, den christlichen Glauben anzunehmen und dann deshalb – noch ehe er die Taufe empfinge – überfallen und getötet würde: sollte der nicht von Mund auf als Märtyrer zum Himmel fahren?

12 sofort, unmittelbar.

Antwort: Ohne Zweifel. So lehrt es unser Glaube.

Achte Frage

Du sagst es recht. Nun frage ich dich weiter: was hätte der besagte Heide, was du nicht haben würdest?

Er hätte das Verlangen, den christlichen Glauben anzunehmen und getauft zu werden. Aber dieses Verlangen hast du auch, denn wenn du den Glauben und die Taufe noch nicht hättest, so wolltest du sie doch alsbald empfangen.

Du wärest aber ebenso wie jener Heide bereit, für diesen Glauben dein Leben zu verlieren. Ist dem nicht so?

Antwort: Es ist so. Mich dünkt, ich wäre wohl bereit, für den christlichen Glauben und zur Ehre Gottes zu sterben wie jener Heide. Aber dies fehlt mir, daß ich nicht wirklich sterbe: darin hat er mehr als ich und darum wird ihm nach dem Tod alle Schuld und Strafe erlassen, nicht aber mir.

Neunte Frage

Wie aber, mein Kind, weißt du nicht, daß das Leben eines geistlichen Menschen, der stets zur Ehre Gottes der Natur widerstrebt, ein langwieriger Tod ist? Wenn du dann eines natürlichen Todes stirbst, so vollendest du zugleich diesen langwierigen Tod, und ebenso wie von jenem Heiden kann von dir gesagt werden, du seist für den Glauben, die Gerechtigkeit und das Gesetz Christi gestorben. Und warum soll dann dir und anderen geistlichen Menschen nicht ebenso wie jenem Heiden alle Schuld und Strafe zugleich vergeben werden? Es ist ja eine viel geringere Marter, in einem einzigen Streich durch das Schwert zu sterben, als so viele Jahre in unablässigem Streit mit seinem eigenen Fleisch, der Welt und dem Teufel gekämpft zu haben. Antworte mir, ob du nicht ganz auf Gott vertraust, er werde dir und allen frommen Seelen, die es voll Vertrauen begehren, alle Pein und Fegefeuer gern vergeben?

Antwort: Ich habe mich zwar bisher davor gefürchtet, aber jetzt habe ich eine andere Hoffnung geschöpft und will mich ganz auf die abgrundtiefe Barmherzigkeit meines allermildesten Vaters verlassen. Ja, ich will nun erst recht anfangen, ihn zu lieben und ihm in Fröhlichkeit zu dienen, weil ich diesen Trost und diese Zuversicht empfangen habe.

O du allermildester Vater, was kannst du uns denn abschlagen, wenn es zu unserer Seligkeit gereicht und wir es von dir durch JESUS, deinen eingeborenen Sohn, erbitten? Dir sei alles Lob, Ehre und Preis von all deinen Kreaturen von nun an bis in Ewigkeit. Amen.

* * *

Werke der Hoffnung und des Vertrauens zu Gott in großer Betrübnis und Bedrängnis des Herzens

‹15› Ein herrliches Werk der Hoffnung ist es, wenn man sich in großer Betrübnis und Bedrängnis des Herzens dennoch stark an Gott hält und nicht verzagt. Dazu soll die folgende Übung dienen, die du in Zeiten der Not gebrauchen oder anderen geben magst, wenn sie ihrer bedürfen.

Denn es geschieht zuweilen, daß ein Mensch in solche Betrübnis und Traurigkeit des Herzens fällt, daß er nicht mehr weiß, wo er sich lassen soll, so zum Beispiel wegen des Todes oder des Wegziehens eines geliebten Freundes, der Schwester, Tochter oder Mutter, oder auch durch eine Versuchung im geistlichen Stand, nach dem gerade vollzogenen Abschied von der Welt oder aus dergleichen Gründen. Es dünkt ihm etliche Tage, Himmel und Erde seien ihm zu eng; alles ist ihm herb und bitter; er meint, er müsse vor Leid zerspringen, weiß keinen Trost noch Rat zu finden und ist über alle Maßen unruhig; es gereut ihn seines Standes und er weiß weder aus noch ein. Dann soll ein Mensch zwei Dinge wissen und wohl beachten.

1. Er soll nichts anderes und nicht mehr tun als sonst, sondern solange die Bedrängnis und die Versuchung währt, soll er abwarten, auch wenn er allerhand Gedanken und Antriebe empfindet. Er spreche bei sich selbst: Ja, ja, es soll geschehen, wenn Gott es will, aber nicht jetzt, sondern in acht oder vierzehn Tagen. Dann ist es noch Zeit; dann soll es geschehen, wenn es Gott gefällt.

2. Er soll wissen, daß ein solch starkes Herzeleid natürlicherweise nicht lange andauern kann; nach acht oder vierzehn Tagen ist es zum wenigsten gebrochen und im Abgang. Wehe den armen Menschen, die das nicht wissen und meinen, daß solche Bitterkeit für immer bleiben werde. Denn sie tun oft etwas, was sie in Ewigkeit gereut. Deshalb pflege ich meine Kinder zu ermahnen, daß sie stillstehen und aushalten sollen, bis die Betrübnis vorüber und das Herz wieder frei ist. Ich erkläre es mit einem Gleichnis.

Wenn einer nachts in einer schlüpfrigen und sehr gefährlichen Gegend wandert und ihm etwa mitten in der Gefahr das Licht vom Wind ausgeblasen wird, so geht er nicht weiter, sondern steht sofort still und ruft, daß man ihm ein Licht bringt. Erst danach geht er wieder weiter.

So wandern wir auch hier auf dieser Erde gleichsam in der Nacht. Das Licht ist unsere Vernunft und unser rechtes Urteil. Wenn dieses Licht nun durch eine übergroße Traurigkeit ausgeblasen wird, so dürfen wir nur ja nicht weitergehen, sondern müssen stracks stillstehen und um Hilfe rufen, daß uns das Licht wieder angezündet werde und der Sturm der Versuchung aufhöre. Dann können wir wieder sehen, was wir tun und wie wir weitergehen sollen.

Fundament der folgenden Übung

Zum Fundament stell dir JESUS am Kreuz vor, dann lies die folgende Anregung ganz langsam und bedachtsam.

So spricht dein liebster Bräutigam vom Kreuz: Mein Kind, dein Herz ist betrübt, und mein Herz ist davon angerührt. Was willst du tun? Geh in dein Kämmerlein, setze dich nieder zu meinen Füßen, weine und seufze, schreie und klage zu mir: ich werde dein Gebet erhören.

Hörst du nicht die Nachtigall, die am Baum des Kreuzes singt: Mein Gott, mein Gott, warum hast du mich verlassen? Da lerne nun, wie du singen sollst. Das ist die Stunde, die Gott von Ewigkeit her vorgesehen hat, da er dich heimsuchen und recht kennenlernen wollte, ob du ihm zu Dienst und Ehren einen starken Sturm bestehen könntest. Da stehen jetzt deine Feinde, die Welt und der Teufel, und ich will ihnen zeigen, daß du mich von Herzen liebst.

Komm, meine auserwählte Braut, laß uns zusammen im Garten spazieren gehn. Am Ölberg weiß ich einen schönen Ort, bei einem Felsen. Da steht ein himmlischer Jüngling mit einem goldenen Kelch. Den sollst du nehmen und deinen jetzt so bitteren Trank der Traurigkeit damit hinwegspülen. Ich weiß, es wird dir besser werden.

Auch ich war einst überaus traurig und meinte, meine Seele müßte mir vor Leid vergehen. Da ging ich in diesen Garten, nahm den Kelch zur Hand, tat einen guten Trank und befand mich darauf so wohl, daß ich immer mehr von diesem Trank begehrte. Darum rufe ich von meinem Kreuz: Mich dürstet, mich dürstet!

O Kreuz und Not, o Angst und Tod,
Es ist noch nicht vergangen.
Mich dürstet sehr, mich dürstet mehr,
Zu leidn hab ich Verlangen.
Am Kreuz wollt ich von Herzen gern
Noch immer, immer hangen.
Es dient zu meines Vaters Ehr,
Groß Lieb führt mich gefangen.

Nun, meine liebste Braut: du weißt und siehst vor Augen, was ich deinetwegen am Kreuz gelitten habe. Nun zeige an, wieviel du mir zuliebe ertragen und leiden kannst. Du kannst nicht beten und betrachten? Es schadet nichts. Setze dich nur still hin und leide. Du kannst nichts anfangen in deinem Haushalt? Es bleibt dir alles stehen, alles ist dir zuwider? Es schadet nichts. Setze dich nur hin und leide. Stoßen dir allerhand Gedanken zu Herzen, so daß du meinst, du könntest nicht mehr leben? Weißt nicht, wohin du dich kehren und wenden sollst? Es schadet nichts, setze dich nur hin und leide. Es wird in kurzer Zeit vergehen. Ich gebe dir nur acht Tage, eine geringe Zeit, so wirst du dich ganz anders befinden. Diese Tage müssen vorübergehen; tu, was immer du willst und kannst, die Zeit allein und nichts anderes wird dich heilen.

Nun folgt die Übung

1.

Setze dich etliche Male am Tag unter das Kreuz, seufze und weine dich aus, so viel du kannst. Die Seufzer aber sollen nicht anders lauten als: Ach JESU! Ach JESU! Wiederhole sie ganz langsam und tief, so löst sich viel Bedrängnis vom Herzen, wie durch die Erfahrung oft bestätigt worden ist.

2.

Dann wirf dich vor dem Kreuz auf die Erde nieder und bete:

O Herr JESU, wiewohl mich dünkt, daß mein Herz vor Traurigkeit zerspringen müßte, so bin ich dennoch mit dir zufrieden. Ich will nicht wider dich murren, will nicht verzweifeln noch aus Traurigkeit etwas anfangen wider dein Gebot. Die Bitterkeit meines Herzens, die bösen Gedanken und Neigungen, die ich jetzt empfinde, sollen nichts gelten. Denn sie sind mir wider die rechte Vernunft in den Sinn gekommen und ich kann sie nicht genug meistern. Ich will sie auf die beste Weise vor meinem Gekreuzigten niederlegen, daß sie mir an meiner Seele nicht schaden. Vater unser. Ave MARIA.

3.

Danach danke Gott und sprich:

O Herr JESU, ich danke dir noch dazu, daß du mich heimgesucht hast. Ich bin dir ganz unterworfen; du kannst mit mir tun, was dir beliebt. Gelobt und gebenedeit sei dein heiliger Name in Ewigkeit. Ich will dir auch für die Betrübnis danken, die du mir zugeschickt hast. Ich will dennoch nicht von dir weichen, sondern stark darauf vertrauen, daß du mir helfen wirst. Vater unser. Ave MARIA.

4.

Dann opfere dich und biete dich so an:

O Herr JESU! Mich dünkt, es sei mir unmöglich, dieses Herzeleid weiter zu tragen. Mich dünkt, ich müsse verzweifeln. Jedoch: Wenn es dir gefällt, bin ich bereit, diese Bitterkeit bis zum Jüngsten Tag zu erleiden. Das ist die Meinung meiner Vernunft. Und wenn auch meine Sinnlichkeit widerspricht und ich es in meiner sinnlichen Neigung ganz anders empfinde, so soll doch dieses Streben jetzt nicht gelten, sondern gelten sollen die Worte, die ich der Vernunft und dem Geist nach wider das Fleisch und wider mich selbst spreche. Vater unser. Ave MARIA.

Damit du dich vielleicht auch mit einem Lied ergötzen kannst, habe ich deren hier eines machen wollen; du magst es zu Zeiten lesen oder singen oder singen lassen.

Trauergesang JESU am Ölberg

Bei finster[13] Nacht zur ersten Wacht
Ein Stimm sich gunt[14] zu klagen;
Nahm bald in acht, was sie da sagt,
Tat hin mein Augen schlagen.

Ein junges Blut, von Sitten gut,
Alleinig ohn Gefährten
In großer Not, fast halber tot
Im Garten lag auf Erden.

Es war der liebe Gottessohn,
Sein Haupt er hat in Armen,
Viel weiß' und bleicher als der Mond.
Ein Stein es möcht erbarmen.

Ach Vater, liebster Vater mein,
Und muß den Kelch ich trinken?
Und mags dann ja nit anders sein,
Mein Seel nit laß versinken.

Ach, liebes Kind, trink aus geschwind,
Laß dir in Treuen sagen,
Sei wohlgesinnt: bald überwind,
Den Handel mußt du wagen.

Ach, Vater mein, und kanns nit sein,
Und muß ichs je dann wagen?

13 In der überarbeiteten Fassung der »Trutz-Nachtigall« lautet der Anfang: Bei stiller Nacht.

14 begann.

Will trinken rein den Kelch allein,
Kanns dir ja nit versagen.

Doch Sinn und Mut erschrecken tut,
Soll ich mein Leben lassen?
O bittrer Tod! Mein Angst und Not
Ist über alle Maßen.

O Mutter zart, jungfräulich Art,
Sollst[15] du mein Schmerzen wissen,
Mein Leiden hart zu dieser Fahrt:
Dein Herz wär schon zerrissen.

Ach, Mutter mein, bin ja kein Stein,
Das Herz will mir zerspringen.
Sehr große Pein muß nehmen ein,
Mit Tod und Marter ringen.

Ade, ade zu guter Nacht,
MARIA, Mutter milde.
Ist niemand, der dann mit mir wacht
In dieser Wüsten wilde?

Ein Kreuz mir vor den Augen schwebt,
O weh der Pein und Schmerzen!
Dran soll ich morgen werdn erhebt,
Das greifet mir zum Herzen.

Viel Ruten, Geißel, Skorpion
In meinen Ohren sausen.

15 solltest.

Auch kommt mir vor ein Dornenkron.
O Gott, wem sollt nit grausen.

Zu Gott hab ich gerufen zwar
Aus tiefen Todesbanden,
Dennoch bin ich verlassen gar.
Ist Hilf noch Trost vorhanden.

Der schöne Mond will untergehn,
Vor Leid nit mehr mag scheinen.
Die Sterne lan[16] ihr Glitzern stehn,
Mit mir sie wollen weinen.

Kein Vogelsang noch Freudenklang
Man höret in den Lüften;
Die wilden Tier auch traurn mit mir
In Steinen und in Klüften.

* * *

Eine Weise, das Vaterunser zu beten

‹16› Wer die Liebe der Begierde oder Hoffnung zu Gott hat, der liebt, begehrt und hofft auch alles, was zum Erlangen des geliebten Gottes helfen kann, nämlich alle Güter des Leibes und der Seele, die im heiligen Vaterunser begriffen sind. Deshalb sollst du in dieser anstehenden Woche täglich am bestimmten Viertelstündlein das heilige Vaterunser mit Frage und Antwort beten. So wirst du nicht zerstreut sein und übst

16 lassen

siebenmal ein Werk der Hoffnung. Ja, die erste Bitte ist vielmehr ein Werk der dritten Göttlichen Tugend, nämlich der Liebe der Freundschaft. Deshalb, wenn sie nur recht von Herzen kommt, wird der Mensch dadurch gerechtfertigt und so stracks zu Anfang tauglich und bereit gemacht, alles von Gott zu erlangen, was er in den folgenden Bitten begehren wird.

Geheiligt werde dein Name

Was dünkt dich, meine Seele, wenn heute alle Völker der Welt den wahren Glauben annehmen wollten, wenn alle Könige und Kaiser, Fürsten und Herren zu dieser Stunde niederfallen und den Namen des Allerhöchsten loben und preisen wollten, sollte es dir nicht eine Freude und dein inbrünstiges Begehren sein?

Antwort: Ja freilich, wer wollte das nicht begehren? Ach, könnte ich es nur zuwege bringen, wie gern wollte ich es in diesem Augenblick tun.

Dein Reich komme

O meine Seele, wie ist es doch auf dieser Erde: alles vergeht wie der Schaum auf dem Wasser. Keine Lust hat Bestand. Ja, wenn sie schon von Dauer wäre, so könntest du doch nicht alles haben, was du gern wolltest. Im Himmel aber, da ist alles und du kannst alles haben: alle Lust und alle Freude in Ewigkeit. Was dünkt dich: verlangt dich nicht danach, dort zu sein und alle Freude zu genießen?

Antwort: Ja freilich, freilich. Ach Gott, wie sehne ich mich nach deinem Angesicht! Wann wirst du uns einmal ganz sättigen und in den Abgrund aller Freuden versenken?

Dein Wille geschehe

Sage an, meine Seele, wenn Gott nun haben wollte, daß du krank sein solltest, wärest du mit seinem Willen dennoch zufrieden? Und wenn er dir deine besten Freunde sterben ließe, und wenn er haben wollte, du solltest dein ganzes Leben lang in Armut leben? Was würdest du dann tun? Würdest du dann gegen ihn murren, oder würdest du fortfahren, mit ihm zufrieden zu sein?

Antwort: Es würde mich zwar sehr schwer ankommen. Aber doch, wenn ich mich nur bedenken würde, so wollte ich gewiß nicht wider ihn murren, sondern sprechen: O Herr, dein Wille geschehe, wie im Himmel, so auf Erden, mit mir und allen deinen Kreaturen.

Unser tägliches Brot gib uns heute

Du hoffst dennoch, Gott werde dir hier deine zeitliche Nahrung gewähren, daß du dein Leben in Ehren zubringen und die Deinigen ernähren kannst?

Dankst du ihm auch, daß er dich und die Deinen bis daher gütig erhalten hat, und begehrst du, er wolle dich auch fürderhin weder an der Seele noch am Leib Schaden leiden lassen? Ist das dein Vertrauen und Begehren?

Antwort: Ja, das ist es, was ich hoffe und begehre. Er ist *Unser Vater* (Mt 6,5-15), er wird seine Kinder nicht verschmachten lassen. Er liebt uns viel zu sehr; er kann ja seine väterliche Fürsorge nicht verleugnen, denn er ist unser Vater.

Und vergib uns unsere Schuld

Meine Seele, wie hast du aber so oft diesen deinen guten Vater erzürnt. Wie hast du verdient, in Ewigkeit gestraft zu werden. Ist es dir von Herzen leid und begehrst du Gnade und Barmherzigkeit? Hoffst du auch, der allmächtige Gott, der Vater allen Trostes (2 Kor 1,3), werde dich nicht verwerfen, sondern dich gnädig wieder aufnehmen und dir alle Sünde und Strafe vergeben?

Vergibst du von Herzen auch all denen, die dich jemals beleidigt oder erzürnt haben? Wenn du auch in deinem Herzen noch Bitterkeit und Widerwillen empfindest, so wünschst du doch deiner Vernunft nach keinem Übel und Böses, sondern begehrst, daß Gott ihnen geben wolle, was ihnen zur Erhaltung des Leibes und der Seele vonnöten ist?

Antwort: Ja, von Herzen. Ich wünsche niemand etwas Böses, das etwas zu bedeuten hat. Ich hoffe und bitte auch, Gott wolle mir armen Sünder gnädig sein und mir alle Missetat verzeihen.

Und führe uns nicht in Versuchung

Meine Seele, du weißt ja sehr wohl, daß der böse Feind (Eph 6,10-13), die Welt und das Fleisch (Gal 5,16-21) immer gegen uns streiten und uns anfechten (Ijob 7,1), ihnen zu folgen und Gott zu verlassen. Deshalb ist es vonnöten, daß Gott uns streiten helfe, damit wir nicht überwunden werden. Begehrst du von Herzen, daß er dir allezeit beistehe, dich behüte und nicht zulasse, daß du in eine Sünde einwilligst? Setzest du auch dein starkes Vertrauen auf ihn, mehr als auf deine eigenen Kräfte, weil du ja aus dir selber nichts vermagst?

Antwort: O Gott, ich erkenne meine große Schwachheit. Ohne deine Hilfe ist keine Sünde so groß, daß ich sie nicht tun würde. Darum bitte ich dich, Herr, steh du mir bei und laß doch in Ewigkeit nicht zu, daß ich von einer Versuchung überwunden werde.

Sondern erlöse uns von dem Übel

Wie selig aber wäre der Mensch, den Gott allezeit vor allen Übeln des Leibes und der Seele bewahren würde! Wohlauf, meine Seele: Gott ist bereit, dich allezeit zu behüten (Ps 50,15; Ps 91), wenn du ihn nur von Herzen darum bittest. Willst du es von ihm begehren?

Antwort: O Gott, wer wollte das nicht begehren? Wen du behütest, der ist behütet. Behüte uns vor allem Übel des Leibes und der Seele, damit wir in Ewigkeit nicht von dir geschieden werden! Amen. Amen. Durch JESUS Christus, deinen geliebten Sohn und unseren Herrn. Amen.

* * *

Eine andere Weise, das Vaterunser zu beten

‹17› In der kommenden Woche magst du beim gewohnten Viertelstündlein das Vaterunser auf folgende Weise beten.

Knie vor dem Angesicht Gottes nieder und nimm das erste Wörtlein:

Vater

Dann sinne nach und betrachte so lange über dieses Wort, wie du etwas finden kannst. Mancher sollte wohl eine ganze Stunde lang immer wieder etwas Neues darin finden.

Wenn du aber nichts mehr darin findest, so geh weiter zum nächsten Wort und suche darin mit deinem Verstand, so lange du darin etwas finden oder darüber nachdenken kannst, und so fort jeweils ein Wort nach dem anderen.

Du kannst jeden Tag ein Wort oder ein paar Worte nehmen. Und wenn du aufhören willst, so bete zum Abschluß die übrigen Worte und den Englischen Gruß. Und am folgenden Tag, wenn du wieder anfängst, so bete die Worte, bis zu denen du gekommen bist, und dann betrachte das folgende Wort.

Diese Weise zu beten hat der heilige Ignatius, der Stifter der Gesellschaft Jesu, in seinem Exerzitienbüchlein gelehrt.[17]

[17] Spee folgt hier der »zweiten Weise zu beten«, wie Ignatius sie in den »Geistlichen Übungen« Nr. 249-257 beschrieben hat.

Dritter Teil des Buches

Von der dritten Göttlichen Tugend, nämlich von der Liebe des Wohlwollens oder der Freundschaft

‹18› Weil oben in der dritten Anregung der allgemeinen Unterrichtung[1] hinreichend dargelegt wurde, was das Wesen dieser Liebe ist und wie sie sich von der Hoffnung oder der Liebe der Begierde unterscheidet, will ich es jetzt nicht wiederholen, sondern sogleich etliche Weisen beschreiben, wie sie zu üben ist; wer es noch nicht gelesen hat, mag es alsbald tun: denn es ist sehr nützlich, es zu wissen.

Übung der Liebe

‹19› In der folgenden Woche magst du diese Übung zur Hand nehmen und die gestellten Fragen beantworten.

Erste Frage

Mein Kind, was haben wir doch für einen wunderbaren Gott und Herrn! Wie muß er ein über alle Maßen zartes und mehr als mütterliches Herz besitzen! Wenn wir armen Menschen es nämlich nur ernst mit ihm meinen, wenn wir Reue und Leid erwecken, wenn wir wieder von Herzen seinen Willen tun wollen, nimmt er uns wieder an und umfängt uns in Liebe, wie wenn wir ihn nie erzürnt hätten.

Bist du einverstanden, daß wir jetzt von diesem guten Herrn reden, daß wir ihn loben und verehren? Sage mir, empfindest du dazu Lust in deinem Herzen?

Antwort: Ja, warum sollte ich nicht gern von meinem Schöpfer, einem so guten Gott und Herrn, sprechen und ihn loben hören?

1 Siehe oben Seite 48-59.

Zweite Frage

Ich empfinde in mir die Lust, mit dem König David durch die Luft und das Meer und durch die ganze Welt spazieren zu gehen, um die Kreaturen gleichsam zu wecken und zum Lob Gottes aufzurufen. Willst du, daß ich dich bei der Hand nehme und mit mir führe, damit du mir hilfst, sie alle zum Lobe Gottes anzutreiben?

Antwort: Ja freilich, laß uns bald auf die Reise gehen, mich verlangt danach. Wollten doch nur alle Kreaturen in lauter Saitenspiel verwandelt werden und mit einhelligem Klang den Namen ihres Schöpfers fröhlich loben!

Dritte Frage

Da wollen wir zum ersten die gewaltigen Himmelsgeister, die Heerscharen des allmächtigen Gottes, die Engel und Erzengel aufsuchen. Siehe, es sind mehr als Sandkörnlein am Gestade, als Blättlein auf den Bäumen, als Stäublein in der Sonne. Jeder von ihnen, auch der geringste, übertrifft alle Pracht und Macht der irdischen Kaiser und Könige. Siehe da, sie brennen aus Liebe zu ihrem Schöpfer! Sie zittern und beben vor der Größe der Freude, in der sie leben. Tag und Nacht singen sie Gott, ihrem Schöpfer. Ei, laß uns rufen, daß sie immer so fortfahren. Laß uns zeigen, daß wir gern dabei helfen möchten. Laß uns mit Freuden singen:

Wohlauf, wohlauf, nun lobet Gott,
Ihr Himmelvolk dort oben,
Ihr Engel Gottes Sabaoth,

Der euch so sehr erhoben.
Stets schauet ihr sein Angesicht,
O Lust in Lustes Brunnen!
All Freud und Wonn, all Glanz und Licht
Kommt euch von ihm geronnen.

Vierte Frage

Wohlan, so laßt uns weitergehen. Schau den schönen Himmel, wie er sich so zirkelrund gezogen und wie ein reines gläsernes Gewölbe tausendmal tausend Meilen weit die Luft in seine Arme gefaßt und eingeschlossen hat. Er leuchtet in immer glühenderen blauen Farben wie eine Kristallkugel, schmückt sich zuweilen wie ein stolzer Pfau, der seine Spiegel aufsetzt, wie mit den kostbarsten Karfunkeln und Diamanten. Ei, laßt uns zu ihm rufen, ihn zum Lobe Gottes ermuntern und mit Freuden singen:

Nun lobet Gott, ihr Himmel klar,
Gewölbet von Kristallen,
Mitsamt den Wassern allegar,
Die über euch noch wallen.
Ei, wie so schöne Fackelpracht!
Wie schöne Licht und Sterne!
Wenn ihr euch zeiget in der Nacht
Im besten Schmuck von ferne.

Fünfte Frage

Siehe da, die schöne Sonne, den Mond und die Sterne, wie leuchten sie so herrlich bei Tag und bei Nacht!

Frisch und fröhlich erbrennen sie vor ihrem Schöpfer und führen in guter und sicherer Ordnung ihren Reigen. Fleißig geben sie acht auf uns und dienen uns mit ihrem Leuchten. Wer will ihre unbegreifliche Geschwindigkeit ermessen, wenn sie in vierundzwanzig Stunden viele hunderttausend Meilen ihre Runden eilen! Ei, laßt uns auch sie ermahnen und zu ihnen sprechen:

Nun lobe Gott, du Güldenschein,
Du Silberglanz imgleichen.
Ich euch, o Sonn und Mond, vermein,
Die Welt ihr geht umstreichen.
Er euch mit Licht gefüllet hat,
Mit Schönheit hoch gezieret,
Drum billig dann ihr früh und spat
Ihm allweg jubilieret.

Sechste Frage

Siehe die heitere und reine Luft, wie erfrischt sie alle Tiere und Menschen! Wer möchte je ein so zartes und zugleich festes Gewebe erdenken können, das von unzählbar vielen Körpern alle Augenblick durchschnitten, durchhandelt und durchwandelt, aber doch nicht zerteilt und zertrennt wird. Darin bewegen sich zugleich himmlische und irdische Kräfte und Einflüsse, Licht, Glanz, Hitze, Feuchtigkeit, dann auch alle Stimmen, Ton, Schall und Hall, alle Art von Gerüchen, ja noch unzählbar mehr unbenannte Qualitäten, die einander frei und frank passieren, sich vermischen und doch unvermischt bleiben, so daß sie von den verschiedenen Sinnen angenommen werden können, ohne daß eines das andere behindert oder zerstört. Ei, so laßt uns dann diese so dichte und zarte, so leere und volle Luft zum Lobe Gottes ermuntern. Laßt uns fröhlich singen:

Nun lobe Gott, du reine Luft,
Geweb, gar zart gesponnen!
Zur Nacht bist du ein schwarze Kluft
Bis zu der Morgensonnen.
Du zeigest dich in klarem Schein
Viel weißer als die Schwanen,
Wann schon gleich ausgespannet sein
Ihr breite Federfahnen.

In dir viel tausend Vögelein
Mit Freud und Jubel schweben;
Zur Sangschul zu dir kommen ein
Und nach dem Kränzlein streben.
Wer will die Stücklein zählen all,
So sie dann figurieren?
Concenten,[2] Fugen, Madrigal
Auf hundertfalt Manieren.

In dir auch fliegen rein und zart
Fast aller Ding Gestalten,
So sich von Farben aller Art
Unmerklich abgespalten.
Auch Atem süß von Blumen all,

2 Fachausdruck für eine melodisch reich ausgestaltete Singweise des gregorianischen Chorals.

All G'ruch und Kraft der Erden,
All Sang und Klang, all Ton und Schall
In dir gezilet[3] werden.

Sind unvermischt, ja, doch vermischt,
Vereinigt und entscheidet:
Der Ton dem G'ruch und Licht entwischt,
Ja, eins das andre meidet.
Was nur zu jedem Sinn gericht,
Was zum Gefühl und Hören,
Was zum Geschmack, was zum Gesicht,
Keins tut das andre stören.

Siebte Frage

Wohlan, so laßt uns weitergehen. Siehe da, die vielfältigen Erscheinungen, die nach Gewohnheit oder Gelegenheit in der Luft entstehen: Blitz, Donner, Hagel, Schnee, Wind, Wolken, Regen, Regenbogen, Reif, Tau, und Nebel, aus denen man gleichsam wie in hellen Spiegeln des Schöpfers Allmacht ersehen kann. Sieh da, wie erfriert und erstarrt das Erdreich, wenn die Winterkälte die Luft beherrscht; wie aber erfreut sich alles wieder, wenn im schönen Frühling und Sommer der helle Morgentau die zarten Rosen, das Laub und das Gras benetzt, wenn der milde Regen sein Wasser mit Vernunft spendet und den heißen Erdboden erfrischt, wenn der bunte Regenbogen seine Farben zierlich gespannt und sich mit gefärbtem Licht gekrönt hat.

3 gezeugt, hervorgebracht.

Ei, laßt uns all diese Schätze und Reichtümer der Luft zum Gotteslob aufrufen und ihnen mit frischem Mut zusingen:

Nun lobet Gott, ihr Luftgewächs,
Ihr Wolken, hochgeboren,
Ihr Wind, zween über fünfmal sechs,[4]
Ihr Hagel, hochgefroren.
Ihr fliegend Flammen, Donner, Blitz,
Comet uns nie gewogen,
Schnee, Tau und Regen, Kält und Hitz
Und du gefärbter Bogen.

Achte Frage

Wohlan, laßt uns weitergehen. Sieh da, die tiefen Abgründe des wilden Meeres. Wie hebt es in die Höhe gleich den höchsten Wolken die mächtigen Schiffe und Flotten, welche von der einen Welt zur anderen fahren. Wie spielt es mit ihnen gleich wie mit leichten Federn, die in die Luft geblasen werden. Sieh da, wie unzählbar sind die schrecklichen Tiere, die alle Stund im hohen Meer gezeugt werden. Wer wird nicht auch hier des Schöpfers Allmacht verspüren? Ei, laßt uns dann dieses Element mit allem, was in ihm ist, zum Gotteslob erwecken und von Herzen singen:

Nun lobe Gott, du tiefer Grund,
Ohn Zaum so gar ergossen.

4 Rhetorische Umschreibung der Zahl 32, d.h. der Gesamtzahl der Himmelsrichtungen auf der Windrose.

Du breites Meer, du breiter Schlund,
Ohn Riegel weit entschlossen.
Ihr großen Walfisch ungeschlacht,
Ihr Drachen ohne Maßen,
Die ihr mit ungezäumter Macht
Bezwingt all feuchte Straßen.

Neunte Frage

Wohlan, so laßt uns weitergehen. Siehe da, die schöne Erde: wie eine fruchtbare Mutter der vielen Kreaturen! Sieh da die hohen Berge, die tiefen Täler, die harten Felsen, die schnellen Flüsse, die lebhaften Brunnen, die grünen Wälder, die ebenen Felder, die feuchten Wiesen, die feisten Äcker, die fruchtbaren Weinberge, die vielfältigen Gewächse von Kräutern, Blumen, Bäumen, die kaum gezählt werden können. Welcher Reichtum kommt uns Jahr für Jahr aus der Erde und wird doch nicht geringer! Wieviele Tiere und Menschen, die sich alle Jahre je und je vermehren und ja all ihre Nahrung aus der Erde nehmen! Ei, laßt uns nun all diesen Reichtum der guten Erde zum Lobe Gottes einladen und mit freudigem Gemüt singen:

Nun lobe Gott mit höchstem Preis,
O Kugel, wohlgerundet,
Du tausend-schöner Erdenkreis,
In leere Luft gegründet.
Lobt ihn, ihr Berg und flaches Land,
Lobt ihn, ihr stolze Felsen,
Wenn euch so gar mit feuchter Hand
Die Wolken hoch umhälsen.

Auch lobet ihn, ihr Blümelein
Vieltausendfach entsprossen,
Ihr wild und zahmen Pflänzelein,
Mit kühlem Tau begossen.
Auch Laub und Gras und auch Getreid,
All Früchte auf den Feldern,
All grün Gewächs ohn Unterscheid,
Verborgen weit in Wäldern.

Nun hätten wir vergessen schier
Der Perl und Edelsteine:
Her, her, Karfunkel und Saphir,
Auch müsset ihr erscheinen.
Türkisen und Smaragden rein,
Demanten auserkoren,
Und ihr Kristalle insgemein,
Wie sauber Eis gefroren.

Gelobet sei der Schöpfer gut,
Von dem all Wasser fließen,
Der Früchte, Öl und Traubenblut
Den Menschen gibt zu g'nießen.
Er schafft der Erden Fruchtbarkeit,
All Seelen er ernähret.
Von ihm allein uns allezeit
Groß Wohlfahrt widerfähret.

Drum lobet ihn, ihr zahmes Vieh,
Ihr wilden Tier beineben;
Ihr Vögel schnell, so dort und hie
Bald hoch, bald nieder schweben.
Ihr König stolz, ihr Völker viel,

Ihr Jüngling, frisch von Jahren.
Ja, kommt auch her zu diesem Spiel,
Ihr Alten, greis von Haaren.

Sag an, mein Kind, ist nicht dein Begehren, daß nun die Erde und alles, was auf Erden ist, den Schöpfer lobe?

Antwort: Ja, freilich. Ei, du gottliebender Prophet und König David, laß erschallen deinen 148. Psalm; getreulich wollen wir einstimmen und von Herzen singen:

Lobet den Herrn, die ihr im Himmel seid: lobet ihn in der Höhe.

Lobet ihn, all seine Engel: lobet ihn, all seine Heerscharen.

Lobet ihn, Sonne und Mond: lobet ihn, alle Sterne und Lichter.

Lobet ihn, ihr Himmel aller Himmel, und alle Wasser, die über den Himmeln sind: lobet den Namen des Herrn.

Denn er hat gesprochen, und sie sind geworden: er hat befohlen, und sie sind erschaffen.

Er hat sie befestigt, daß sie immerdar in alle Ewigkeit bleiben sollen: ein Gebot hat er gesetzt, und nie wird es vergehen.

Lobet den Herrn von der Erde: ihr Drachen und alle Abgründe.

Feuer und Hagel, Schnee, Eis und Sturmwinde: die sein Wort verrichten.

Die Berge und alle Hügel: die fruchtbaren Bäume und alle Zedern.

Die Tiere und alles Vieh: Gewürm und Vögel.

Die Könige auf Erden und alle Völker: die Fürsten und alle Richter der Welt.

Die Jünglinge und Jungfrauen, die Alten mit den Jungen sollen loben den Namen des Herrn: denn sein Name allein ist erhöht.

Sein Lob ist über Himmel und Erde: er hat das Horn seines Volkes erhoben.

Alle seine Heiligen sollen lobsingen: Die Kinder Israels, das Volk, das sich ihm naht. Alleluja.

Ei, laßt uns nun schließen mit dem letzten Psalm Davids (Ps 150), laßt uns mit ihm singen:

Lobet den Herrn in seinen Heiligen: lobet ihn im Firmament seiner Kraft.

Lobet ihn in seinen Heerscharen: lobet ihn nach seiner vielfältigen Größe.

Lobet ihn mit dem Schall der Posaunen: lobet ihn mit Psalterspiel und Harfen.

Lobet ihn mit Trompeten und im Reigen: lobet ihn mit Saitenspiel und Pfeifen.

Lobet ihn mit wohllautenden Zimbeln, lobet ihn mit Zimbeln zum Jauchzen: alles, was Atem hat, lobe den Herrn. Alleluja.

* * *

Lob Gottes aus einer poetischen Beschreibung der fröhlichen Sommerzeit

‹20› Jetzt wicklet sich der Himmel auf,
Jetzt b'wegen sich die Räder,
Der Frühling rüstet sich zum Lauf,
Umgürt mit Rosenfeder.

O wie so schön und frisch und kraus,
Wie glänzend Elementen!
Nie werdens gnugsam streichen aus
Noch Redner noch Skribenten.
O Gott, ruf ich von Herzen mein:
Gelobet muß der Schöpfer sein!!!

O reines Jahr, o schöner Tag,
O spiegelklare Zeiten!
Zur Sommerlust nach Wintertag
Der Frühling wird uns leiten.
In Luft hör ich die Musik schon,
Wie sichs mit Ernst bereite,
Daß uns empfang mit süßem Ton
Uns lieblich hin begleite.
O Gott, ruf ich von Herzen mein:
Gelobet muß der Schöpfer sein!

Für uns die edle Nachtigall
Den Sommer laut begrüßet.
Ihr Stimmlein über Berg und Tal
Die ganze Luft versüßet.
Die Vöglein zart in großer Meng
Busch, Heck und Feld durchstreifen.
Die Nester schon seind ihn' zu eng,
Die Luft klingt voller Pfeifen.
O Gott, ruf ich von Herzen mein:
Gelobet muß der Schöpfer sein!

Jetzt öffnet sich der Erden Schoß;
Die Brünnlein fröhlich springen.
Jetzt Laub und Gras sich geben bloß,

Die Pflänzlein anher dringen.
Wer wird die Kräuter mannigfalt
In Zahl und Ziffer zwingen,
Welch uns der Sommer mit Gewalt
Ans Licht wird stündlich bringen?
O Gott, ruf ich von Herzen mein:
Gelobet muß der Schöpfer sein!

Mein, saget an, ihr Blümlein zart,
Laßt michs in Treuen wissen,
Weil ihr an euch kein Farb gespart:
Wer hats euch vorgerissen?[5]
Wo nahmet ihr das Muster her,
Davon ihr euch kopeiet?[6]
Das Vorbild wollt ich schauen gern,
Welchs ihr habt konterfeiet.[7]
O Gott, ruf ich von Herzen mein:
Gelobet muß der Schöpfer sein!

Wer treibet aus Getreid und Gras,
Wer lockets an die Sonnen?
Weils in der Erd verwürret[8] saß,
Wer hats hinaus gesponnen?
Wer schärft den Ähren ihre Spitz?
Wer tut die Körner zählen?
Wo nehmens doch die Kunst und Witz[9]
Daß nie die Art verfehlen?

5 vorgezeichnet.
6 kopiert, nachgebildet.
7 abgezeichnet.
8 verworren.
9 Weisheit.

O Gott, ruf ich von Herzen mein:
Gelobet muß der Schöpfer sein!

Der Rebenstock voll Trauben schwer
An Pfählen lieblich scheinet
Als gleich ein wohlgewaffnet Heer,
An Spießen angeleinet.[10]
Da sammlet sich das Rebenblut
Zu süßen Traubenzähren,[11]
Davon kommt uns dann frischer Mut.
Was will man mehr begehren?
O Gott, ruf ich von Herzen mein:
Gelobet muß der Schöpfer sein!

Wo nur das Aug man wendet hin,
Mit Lüsten wirds ergötzet.
Ergötzet wird fast jeder Sinn
Und alles wunder schätzet.
Ohn Maß ist alle Welt geschmückt.
Welch Künstler mögs erdenken?
Wers recht erwägt, wird gar entzückt,
Das Haupt tut niedersenken.
O Gott, ruf ich von Herzen mein:
Gelobet muß der Schöpfer sein!

Drum lobet ihn, all Menschenkind
Bei nun so schönen Zeiten!
All Traurigkeit schütt nur in Wind,
Spannt auf die besten Saiten!

[10] angelehnt.
[11] -tränen.

Auf, Harf und Lauten, tastet frei,
Schneid an die süßen Geigen,
Mit reiner Stimm und Orgelschrei
Tut ihm all Ehr erzeigen.
O Gott, ruf ich von Herzen mein:
Gelobet muß der Schöpfer sein!

* * *

Eine schöne Weise,
Gott allezeit bei Tag und Nacht zu loben

‹21› Mein Kind, da du vernommen hast, daß ich noch eine andere neue und schöne Weise habe, Gott unaufhörlich zu loben, willst du mir keinen Frieden lassen, bis ich dir diese auch zu Papier bringe. Und obwohl ich gesagt habe, daß diese Weise etwas schwieriger zu verstehen ist, so läßt du dennoch nicht ab, sondern willst mit Gewalt, ich solle sie dich lehren; du wolltest schauen, daß du sie schließlich begreifst.

Wohlan, weil du nicht ruhen kannst, bis du sie schriftlich hast, so will ich dir willfahren. Lese sie zwei oder dreimal, so wirst du sie vielleicht verstehen. Ich traue deinem Verstand ziemlich viel zu, besonders, weil du so große Lust dazu hast. Andere lassen es auf sich beruhen; es ist nicht für einen jeden.

Einige Fundamente, die zum Verständnis der folgenden Weise, Gott zu loben, notwendig sind

Erstes Fundament

Die Philosophen oder Weltweisen lehren in den Büchern, die *De Anima*[12] genannt werden, daß dann, wenn wir etwas – was immer es sei – bedenken oder mit den Sinnen begreifen, hören, sehen, fühlen, riechen, schmecken usw., alsbald inwendig in uns von diesen Dingen ganz lebendige Gemälde oder Gestalten oder Bildnisse entstehen und inwendig in einer Weise bei uns bleiben, daß kein Maler der ganzen Welt sie so schön und genau abbilden könnte. Das kann ich dir so erklären:

Siehe da dieses Buch.
Rieche da an den Rosen.
Schmecke da diesen Zucker.
Fühle da die Hitze dieses Ofens.
Höre da diesen Klang der Laute.

Nun wohlan: mach jetzt die Augen zu, und ich will alle genannten Dinge wieder wegtun. Sag mir: kannst du dir nun nicht inwendig bei dir noch lebhaft die besagten Dinge vorstellen: die Farbe des Buches, den Geruch der Rosen, den Geschmack des Zuckers, die Hitze des Ofens, den Klang der Laute?

Ja freilich. Und doch ist der Klang, die Hitz usw. hinweg und vergangen. Du merkst also, daß die Gestalten, Gemälde und Bildnisse der Dinge in dir verblieben sind. So steht inwendig bei dir noch alles schön abgemalt, was du zuvor einmal gesehen, gehört, ge-

12 »Über die Seele«, basierend auf den Werken der griechischen Philosophen Platon und Aristoteles.

fühlt, gerochen, geschmeckt, ja auch gedacht hast. Wenn du das verstanden hast, gehen wir weiter.

Zweites Fundament

Die Gelehrten lehren weiter, daß die besagten Gestalten oder Gemälde zweimal in uns abgebildet werden: einmal in dem innerlichen Sinn, der sogenannten Phantasie, die im Gehirn des Menschen ihren Sitz hat, dann im Verstand, der in der Seele des Menschen haftet; jene nennen sie auf Latein *phantasma*, diese aber *species intelligibiles*, und unter ihnen ist dieser Unterschied. Denn zum ersten sagen sie, daß die Gemälde und Bilder des Verstandes viel reiner sind als die Bilder der Phantasie. Zum zweiten, daß die Bilder der Phantasie mit dem Gehirn vergehen, die Bilder der Seele und des Verstandes aber auch nach dem Tode bleiben, weil die Seele mit dem Verstand unsterblich ist; so wie ein Bild, das du in Wachs geformt hast, vergeht, wenn das Wachs geschmolzen ist, während ein Bild bleibt, das du in Kupfer oder Marmor gestaltet hast.

Drittes Fundament

Damit dir aber nicht unglaubwürdig erscheine, daß die besagten Bilder, Gemälde oder Gestalten das ganze Leben hindurch bleiben, kann ich es dir so erklären.
Tu deine Augen zu und rufe dir ins Gedächtnis, oder – was das Gleiche bedeutet – wecke wieder auf die Gestalten und Bildnisse, die du vorzeiten in deiner Jugend aufgenommen hast: denk an deinen Vater, deine Mutter, deine Gespielen, deine Mitschüler und was du sonst mit deinem Verstand aufgenommen und gesehen, gehört, getan oder gelitten hast. Stehen sie nicht

noch alle fein klar in deiner Phantasie und in deinem Gedächtnis abgemalt?

Kommt dir nicht recht lebendig vor, was sich da und da zugetragen hat? Wie dieses und jenes zugegangen, was du gehört und gesehen usw.?

So siehst du, daß solche Bilder das ganze Leben hindurch in dir geblieben und noch nicht verschwunden sind. Und wenn du einwenden willst, du habest aber auch viele Dinge, die in der Kindheit geschehen sind, vergessen, so antworte ich, daß das Vergessen nicht daher kommt, daß diese Bildnisse zerstört sind, sondern daß dies von anderen Ursachen herrührt, nämlich aus Mangel, Indisposition oder Schwachheit des Gehirns. Dies kann man daraus entnehmen, daß es oft geschieht, daß manche Dinge, an die ich mich gestern nicht erinnern konnte, mir heute von selbst wieder ins Gedächtnis kommen. So entsteht also das Vergessen nicht aus dem Fehlen der Bilder, sondern aus dem Mangel an Kräften, durch welche die Bilder wieder wachgerufen werden.

Nun wollen wir uns dieser Lehre bedienen, um eine lustige Weise darzutun, Gott allezeit zu loben.

Es folgt noch eine weitere Vorbereitung, die zu dieser Weise, Gott allezeit zu loben, notwendig ist

Ehe ich dir nun diese Weise, Gott allezeit zu loben, vollständig mitteile, muß ich dich noch etwas aufhalten und dein Herz noch mehr dafür bereiten.

Sage denn an, mein Kind: ist es dein ernster Wille, daß du eine neue Weise findest, Gott allezeit zu loben, Tag und Nacht, ohne Unterlaß, ohne Müdigkeit oder

Beschwernis, so lange du lebst, ja auch nach diesem Leben, so lange Gott lebt?

Antwort: Ohne jeden Zweifel ist dies mein Begehren. Denn wer würde das nicht mit Freuden aus Herzensgrund wünschen?

Wohlan, dann gehe allein in deine Kammer, setze dich andächtig nieder vor dem Angesicht Gottes, jetzt oder danach oder morgen, je nach Gelegenheit. Und betrachte bei dir fein langsam und bedachtsam die folgenden Punkte. Nimm dir so viel Zeit, wie du magst. Du darfst dich nicht übereilen. Danach, wenn die Betrachtung geschehen ist, wollen wir weiter fortfahren.

Eine schöne Betrachtung, durch welche Gott gelobt und verehrt wird

Segne dich mit dem Zeichen des Kreuzes und bedenke folgende Punkte, in denen du dir die überschwengliche Güte und Barmherzigkeit und die Wohltaten Gottes, des Allmächtigen, gegen das Menschengeschlecht zu Gemüte führen wirst.

Erster Punkt

Als erstes stell dir ganz lebhaft vor, so gut du kannst, die Erschaffung der Welt, wie du sie wohl oft gemalt gesehen hast. Damit du es noch besser kannst, lies zuvor im Anfang der Bibel das 1., 2. und 3. Kapitel.

Zweiter Punkt

Stell dir auch lebhaft vor, wie die Heilige Dreifaltigkeit in ihrem Rat beschlossen hat, daß nach dem Fall des Menschen ein Seligmacher, der Sohn des allmächtigen

Vaters, die zweite Person in der Heiligen Dreifaltigkeit, in diese Welt gesandt werden soll.

Dritter Punkt

Bedenke auch, daß Gott sich zu diesem Ziel ein besonderes Volk erwählt hat, aus dem der Seligmacher dem Fleische nach geboren werden sollte. Wie er dieses Volk auf wunderbare Weise aus der Knechtschaft Ägyptens herausgeführt und mit vielen Wundern in das Gelobte Land geführt hat. Und von diesen Wundern stell dir etliche vor, und laß sie dir zuvor von jemand erklärend erzählen, nämlich:

Wie Gott Ägypten mit vielerlei Plagen gestraft hat.

Wie er das Volk durch das Rote Meer hindurchgebracht hat, und wie der Pharao dort ertrunken ist.

Wie nachts eine Feuersäule, bei Tag aber eine Wolkensäule vorangegangen ist und den Weg gezeigt hat.

Wie Gott dem Volk Wasser aus dem Felsen gegeben hat.

Wie er ihnen die Tafeln der Zehn Gebote gegeben, wie er durch Mose mit ihnen geredet hat und wie seine große Macht und Herrlichkeit am Berg erschienen ist.

Wie er sie jeden Tag mit dem Himmelsbrot gespeist hat.

Wie er die Sonne stillstehen ließ, als sie gegen ihre Feinde gekämpft haben.

Wie er ihnen allezeit beistand und geholfen hat.

Vierter Punkt

Bedenke auch, wie die Zeit gekommen ist, daß der Seligmacher bei uns wohnen und einst mitten in der

Nacht im Stall geboren werden sollte. Deshalb sollst du dir hier sein ganzes Leben so herrlich vorstellen, wie du kannst und wie du es jemals auf das schönste gemalt gesehen hast, je eines nach dem anderen, ganz langsam und Stück für Stück, nämlich: Die Verkündigung Mariae. Die Heimsuchung Elisabets. Die Geburt mit den Hirten. Die Anbetung der heiligen Drei Könige. Die Beschneidung. Die Opferung im Tempel. Die Flucht nach Ägypten. Die Lehre im Tempel. Die Taufe im Jordan. Die Versuchung in der Wüste. Die Lehre und die Wunder. Das Letzte Abendmahl. Die ganze Passion: Gebet im Garten, Gefangennahme, Verspottung, Geißelung, Krönung, Verurteilung, Kreuzigung, Tod, Begräbnis, Auferstehung, Auffahrt, Sendung des Heiligen Geistes usw.

Fünfter Punkt

Wenn du dir so diese Dinge stark vorgestellt hast, so erhebe dein Herz und mit so großen Eifer, wie du kannst, sprich diesem so gütigen und barmherzigen Gott seinen Lobgesang:[13]

Lobet den Herrn, alle Werke des Herrn; lobt und erhöht ihn über alle Dinge, zu allen Zeiten.

Lobet den Herrn, ihr Engel des Herrn; lobet den Herrn, ihr Himmel.

Lobet den Herrn, alle Wasser, die über dem Himmel sind; lobet den Herrn, alle Kräfte des Herrn.

Lobet den Herrn, Sonne und Mond; lobet den Herrn, ihr Sterne des Himmels.

13 Dan 3,52-90.

Lobet den Herrn, Regen und Tau; lobet den Herrn, alle Winde Gottes.

Lobet den Herrn, Feuer und Hitze; lobet den Herrn, Winter und Sommer.

Lobet den Herrn, Tau und Rauhreif; lobet den Herrn, Frost und Kälte.

Lobet den Herrn, Eis und Schnee; lobet den Herrn, Nacht und Tag.

Lobet den Herrn, Licht und Finsternis; lobet den Herrn, Blitze und Wolken.

Die Erde lobe den Herrn; sie lobe und erhebe ihn über alle Dinge zu allen Zeiten.

Lobet den Herrn, Berg und Hügel; lobet den Herrn, alles was auf Erden grünt.

Lobet den Herrn, ihr Brunnen; lobet den Herrn, Meer und Flüsse.

Lobet den Herrn, ihr Walfische und alles, was im Wasser sich regt; lobet den Herrn, alle Vögel des Himmels.

Lobet den Herrn, alle Tiere und alles Vieh; lobet den Herrn, ihr Menschenkinder.

Israel lobe den Herrn; es lobe und erhöhe ihn ewiglich über alle Dinge.

Lobet den Herrn, ihr Priester des Herrn; lobet den Herrn, ihr Diener des Herrn.

Lobet den Herrn, ihr Geister und Seelen der Gerechten; lobet den Herrn, ihr Frommen und Demütigen von Herzen.

Lobet den Herrn, Anania, Azaria, Misael; lobet und erhöht ihn in Ewigkeit über alle Dinge.

Gelobt seist du in der Feste des Himmels; gelobt, verherrlicht und über alle Dinge erhöht in Ewigkeit.

Lasset uns preisen den Vater und den Sohn mit dem Heiligen Geist; laßt uns ihn loben und erhöhen in Ewigkeit. Amen.

Wenn du diese Betrachtung gehalten hast, kann ich nicht länger säumen, sondern muß dir endlich die Weise zeigen, die ich dir angekündigt habe, Gott allezeit zu loben.

Es folgt nun die Entdeckung der Weise, Gott allezeit zu loben

Wenn du nun etwas nachsinnend zurückdenken kannst, wirst du schon von selbst spüren können, was der Handel sei. Denn siehe da, wenn du nur den Willen und die Absicht hast und dich von der Todsünde freihältst (die alles Lob zuschanden macht), so sage ich dir, daß du nach der vorhergehenden Betrachtung jetzt anfängst, Gott zu loben, und du wirst in Ewigkeit nicht aufhören. Wenn du noch fragst, wie das geschehen soll, will ich es dir klarer sagen.

Ich habe oben in den Fundamenten gelehrt, daß, wenn man etwas einmal bedenkt oder sich vorstellt, dieses alsbald einmal in der Phantasie und einmal in der Seele des Menschen ganz lebhaft abgemalt und gestaltet wird. Und daß diese Gemälde oder Gestalten so lange ungelöscht bleiben, als die Phantasie bleibt und als die Seele bleibt, die unsterblich ist.

Daraus folgt, daß die obige Betrachtung, die ein lauteres, herrliches Lob Gottes war, mit all ihren Vorstellungen, Worten und Silben gar schön und deutlich in deiner Seele abgemalt ist. Und weil dieses Gemälde nicht vergeht, so vergeht auch das Lob Gottes nicht aus deiner Seele, sondern es bleibt dort jederzeit fein gestaltet. So muß Gott der Herr notwendig dieses sein herrliches Lob in deiner Seele allezeit ohne Unterlaß in Ewigkeit vor seinen Augen sehen.

Damit es aber an der Intention oder richtigen Meinung nicht mangele, so knie nieder und bete oder mach dein Bündnis mit Gott also:

Allmächtiger Gott, ich opfere dir hiermit zu deinem Lob alle Bildnisse der guten Werke und Gedanken, die ich je in meinem Leben gehabt und die in meiner Seele abgebildet sind. Siehe, o Herr, in meiner Seele und in meinem inneren Sinn sind deine herrlichen Wohltaten für das Menschengeschlecht abgebildet: siehe da deine vielfältigen Wunderwerke, vor allem deinen geliebten Sohn, wie er in der Krippe liegt, wie er betet im Garten, gegeißelt wird an der Säule, gekrönt mit Dornen, beladen mit dem Kreuz, ans Kreuz geheftet, gestorben und begraben ...

Schau an und lies in meiner Seele alle geistlichen Lobgesänge, alle Psalmen und Danksagungen ... Ich freue mich, daß sie alle noch in meiner Seele lebhaft abgebildet bleiben und dir so zum ewigen Lob gereichen mögen. Amen.

* * *

‹22› Dich meinen Gott und Herren
Will ich herzwillig sein
Mit Lobgesang zu ehren
Bis in das Grabe mein.
Ja, wann schon ich geh schlafen,
Schlafen wohl in das Grab,

Will dir doch Lob verschaffen;
Soll drum nit nehmen ab.

Nach mir will ich verlassen[14]
In meinem Testament
Ein Liedlein schön ohn Maßen
Zum Gotteslob verwendt.
Das wird noch wohl erklingen,
Ob ich schon storben bin:
Es werdens andre singen,
Wann ich schon bin dahin.

Dann auch mein Geist wird springen
Hoch in des Himmels Saal
Und fröhlich sich erschwingen
Mit hellem Freudenschall.
Auf Harfen wird er schlagen
Das Alleluja rein.
Mag dann wohl freudig sagen:
Da recht, so muß es sein.

* * *

Ermahnung zur Buße

‹23› O Sünder, o Sünderin! O du edles Geschöpf Gottes! Was hältst du die Burg deines Herzens so versperrt und verriegelt? Warum öffnest du nicht JESUS Christus, dem Fürsten des Himmels, der so freundlich vom Kreuz ermahnt und zur Buße einlädt? Höre den schönen

14 hinterlassen.

Klang einer himmlischen Trompete, durch die er deine Festung auffordert und dich rechtzeitig ermahnen läßt.

Tu auf, tu auf, du schönes Blut,
Sich Gott zu dir will kehren:
O Sünder, greif nun Herz und Mut,
Hör auf, die Sünd zu mehren.
Wer Buß zur rechten Zeit verricht,
Der soll gewißlich leben.
Gott will den Tod des Sünders nicht.
Wann willst du dich ergeben?

Vergebens ist all Rat und Tat.
Was willst du länger säumen?
Es sei nun gleich früh oder spat,
Die Festung mußt du räumen.
O armes Kind, o Sünder blind,
Wem willst du widerstreben?
Dein Stärk verschwind als wie der Wind.
Laß ab: es ist vergebens.

Tu auf, tu auf, sag dir fürwahr,
Gott läßt mit sich nicht scherzen.
Dein arme Seel steht in Gefahr,
Und wird dich ewig schmerzen.
Kehr wieder, o verlorner Sohn,
Reiß ab der Sünde Banden!
Ich schwör dir bei dem Gottesthron:
Die Gnad ist noch vorhanden.

Geschwind, geschwind, all Uhr und Stund
Der Tod tut auf uns eilen.

Ist ungewiß, wann er verwundt
Mit seinen schnellen Pfeilen.
Wen er nicht find in Gnadenzeit
Wär besser nie geboren.
Wer unbereit von hinnen scheid,
Ist ewiglich verloren.

O Ewigkeit, o Ewigkeit,
Wer wird dich können messen?
Sind deiner doch schon allbereit
Die Menschenkind vergessen.
O Gott vom hohen Himmel gut,
Wann wird es besser werden?
Die Welt noch immer scherzen tut,
Kein Sinn ist mehr auf Erden.

* * *

Liebe zum Nächsten

Fundament der folgenden Übung

‹24› Zur dritten Göttlichen Tugend oder Liebe Gottes gehört auch die Liebe zum Nächsten um Gottes willen, und deshalb will ich dir etliche Werke der Nächstenliebe vor Augen stellen. Damit du aber alles gründlich verstehst, sollst du (neben dem, was ich zu Anfang des Buches von der Liebe des Wohlwollens gelehrt habe), folgende Punkte durchlesen, so wirst du etwas Grundlegendes daraus lernen.

Erster Punkt

Wenn ich jemand mit der Liebe der Freundschaft oder des Wohlwollens liebe, das heißt, wenn ich jemand wohl will, dann will ich auch wohl denen, die ihm besonders nahestehen oder lieb sind, so daß ich auch begehre und wünsche, daß es ihnen wohl ergehe und ihnen Gutes geschehe.

So tue ich zum Beispiel einem Hündlein Gutes und will ihm wohl wegen seines Herrn, dem ich wohl will und der mein Freund ist. Ebenso liebe ich auch alle Menschen und will ihnen wohl um Gottes willen. Denn weil ich Gott liebe und weiß, daß die Menschen seine besonderen Geschöpfe sind und von ihm besonders geliebt werden, deshalb weiß ich auch: was ihnen Gutes geschieht, das geschieht gleichsam Gott selber. So will und tue ich auch ihnen alles Gute, was ich kann und was ich Gott selber tun wollte.

Zweiter Punkt

Deshalb ist diese Liebe zum Menschen wahrhaftig eine Liebe zu Gott, weil diese Liebe zuletzt nicht eigentlich und vollkommen auf dem Menschen ruht, sondern gleichsam hindurchgeht und auf Gott ruht.

Dritter Punkt

Dann ist hier zu beachten, daß ich auf zweierlei Weise meinen Mitmenschen mit einer Liebe des Wohlwollens lieben und ihm Gutes wollen kann.

Einmal auf natürliche Weise, das heißt, aus einem natürlichen Grunde meinet- oder seinetwegen; zum Beispiel, weil er es wert und auch mir gewogen ist usw.

Zum anderen auf übernatürliche Weise allein Gottes wegen, weil ich nämlich Gott, dem Herrn, wohlwill und sehe, daß der Mensch von diesem meinem geliebten Herrn herrührt. Diese Liebe gehört dann, wie gesagt, zu der dritten Göttlichen Tugend, weil diese Liebe nicht so sehr eine Liebe zum Menschen ist, da sie ja zuletzt nicht auf dem Menschen ruht und gründet, sondern hindurchgeht und sich auf Gott erstreckt und so wahrhaftig und eigentlich eine rechte Gottesliebe ist.

Vierter Punkt

Was dem Menschen Gutes oder Böses geschieht, das sieht Gott so an, wie wenn es ihm selbst geschähe, nach dem Wort Christi: Was ihr einem meiner Geringsten getan habt, das habt ihr mir getan (Mt 25,40). Und deshalb sagt der hl. Johannes: Wer seinen Bruder haßt, kann Gott nicht lieben (1 Joh 4,20). Denn würde er Gott lieben, so würde er auch lieben, was Gottes ist und was von Gott in besonderer Weise geliebt wird.

Fünfter Punkt

Daraus folgt weiter: wer seinem Mitmenschen aus natürlicher Liebe Gutes tut, der hat kein übernatürliches Verdienst noch übt er ein Werk der dritten Göttlichen Tugend, denn seine Liebe ist natürlich und ruht nur auf dem Menschen. Wer aber seinem Mitmenschen aus übernatürlicher Liebe zu Gott Gutes tut oder wünscht und also durch den Menschen Gott selbst Gutes tun will, der hat ein übernatürliches Verdienst und übt ein Werk der dritten Göttlichen Tugend.

Sechster Punkt

Nach diesem Verständnis ist es wahr, was die Schrift sagt, daß das Almosen die Sünden auslöscht wie das Wasser das Feuer auslöscht (Dan 4,24; Lk 11,41; Tob 4,7-11). Denn dann ist das Almosen ein Werk der dritten Göttlichen Tugend, von der oben gesagt wurde, daß sie den Menschen rechtfertigt. Das soll uns anregen, eine rechte vollkommene Gottesliebe von Gott zu begehren; so werden wir zugleich auch die vollkommene Nächstenliebe besitzen.

Komm, o Heiliger Geist, erfülle die Herzen deiner Gläubigen und entzünde in ihnen das Feuer deiner Liebe.

Nun folgt die Übung selbst

Nach dem dargelegten Fundament sollst du dich in der folgenden Woche täglich üben.

1. Jeden Morgen, wenn du erwachst, seufze zur Heiligen Dreifaltigkeit und mache den Vorsatz, daß du dich an diesem Tag befleißigen willst, in allen anstehenden Dingen deinem Nächsten nichts zu tun, von dem du nicht willst, das es dir selber geschehen sollte.[15]

2. Wenn den Tag über nun dieses oder jenes anfällt, was den Nächsten betrifft, so erinnere dich geschwind an deinen Vorsatz und frage dich insgeheim, was du nun in diesem oder jenem Fall wolltest, daß es dir geschehen sollte: und das tue dann dem anderen. Und was du nicht wolltest, daß es dir geschehen sollte, das unterlasse. Hältst du das ein, so bist du vollkommen.

[15] Vgl. Mt 7,12: »Die Goldene Regel«.

Und du sollst wissen, daß dies ein über alle Maßen herrliches Pünktlein ist; darum beherzige es gut als ein geistliches Geheimnis.

3. Darüber hinaus magst du beim gewöhnlichen Viertelstündlein wie gewohnt niederknien und die folgenden Fragen beantworten.

Erste Frage

Was dünkt dich: sollte wohl ein einziges mögliches Gut, eine Freude, Lust, Ehre, Herrlichkeit und Majestät erdacht werden können, die du nicht unserem Gott und Herren von Grund deines Herzens wünschen wolltest?

Antwort: O nein, es kann nichts erdacht werden, was ich ihm nicht tausendmal von Herzen wünsche.

Zweite Frage

Könntest du denn wohl ertragen, daß ihm etwas zuleide geschieht? Würde es dich nicht schmerzen, wenn es ihm nicht wohlerginge?

Antwort: Ja, wahrhaftig, es würde mir sehr leid tun und ich würde mich befleißigen, es so bald wie möglich abzuschaffen.

Dritte Frage

Wenn nun aber diese herrliche Majestät ein kleines Hündlein hätte, das ihm so lieb wäre, daß er Tag und Nacht an dieses Hündlein dächte, und nun wäre ihm dieses Hündlein weggelaufen, unter die Wölfe geraten und im Wald verwundet und halbtot liegengeblieben: was würdest du tun? Wolltest du dich auch ernstlich dieses armen Tierleins annehmen und ihm helfen, daß es wieder gesund zu seinem Herrn käme?

Antwort: Ach Gott, wie wollte ich von Herzen gern dem armen Tierlein wieder aufhelfen! Ich wollte es im Wald fleißig suchen und seiner klagenden Stimme nachgehen, ich wollte es füttern und tränken, verbinden und heilen. Wie sollte ich meinem guten Herrn selbst Leid und Weh antun, wenn ich sein treues Tierlein ohne Trost und Beistand sterben und verderben lassen würde! Das könnte ich nicht übers Herz bringen. Dann würde ich ja meinen Herrn durchaus nicht lieben.

Vierte Frage

Glaubst du, daß die armen, bedürftigen und kranken Menschen, die in den Spitälern und hinter den Kerkermauern liegen, solche liebenswerten »Hündlein Gottes« sind, die er so sehr liebt, daß er um ihretwillen seinen eingeborenen Sohn nicht verschont hat?

Glaubst du auch, daß Gott das, was man ihnen tut, so annehmen wird, als wenn es ihm selbst geschehen würde?

Antwort: Ja freilich, das glaube ich, denn Christus hat selbst im Evangelium gesagt, was man einem (seiner) Geringsten tun würde, das würde man ihm selber tun (Mt 25,40).

Fünfte Frage

Wohlan, weil du das glaubst und weil du Christus liebst: willst du nicht in dieser Woche schauen, daß du einen aus seinen Geringsten tröstest, ihm behilflich bist, ihn speisest oder tränkst oder dergleichen? Weißt du nicht irgendeine Gelegenheit, deinem Nächsten zu helfen? Denk nach, was du in deinem Stand tun kannst.

Bist du reich und hast keine Kinder: ob du jemand kleiden kannst? Vielleicht hast du Christus dein Leben lang noch nicht kleiden lassen? Und doch hast du dich selbst vielleicht in Seide und Purpur gekleidet. Sage mir, was du tun willst! Willst du am Jüngsten Tag unter denen stehen, zu denen Christus sagen wird: Geht hin, ihr Verfluchten, denn ich war nackt, und ihr habt mich nicht bekleidet (Mt 25,43)? Oder willst du unter denen stehen, zu denen Christus sagen wird: Kommt her, ihr Gesegneten, denn ich war nackt, und ihr habt mich bekleidet (Mt 25,36)? Da wähle nun, was du willst; es steht dir frei.

Bist du aber nicht reich oder hast du viele Kinder oder hast du Schulden und kannst es nicht, so wirst du gleichwohl etwas anderes finden, was du heute oder morgen tun kannst. Denk nach und antworte.

Antwort: Ja freilich, ich will es tun. Wollte Gott, daß ich die Mittel hätte, allen Menschen zu helfen, so würde ich es gern tun.

Sechste Frage

Sage mir: weißt du nicht in dieser Stadt einen armen Kranken, der von allen verlassen ist? Frage deinen Beichtvater, er wird dir gewiß jemand nennen. Hast du jemals einen solchen um Christi willen besucht?

Bist du reich und hohen Standes, so frage ich dich, ob du so hoch bist, daß du dich dein Leben lang bis jetzt geschämt hast, Christus zu besuchen?

Schämst du dich Christi und seines heiligen Evangeliums? Ich meinte, du hieltest viel auf das Wort Gottes? Und nun solltest du dich schämen, dem Evangelium zu folgen? Weißt du nicht, daß Christus sagt: Wer sich meiner vor den Menschen schämt, dessen werde ich mich schämen vor meinem himmlischen Vater (Mt 10,33; Lk 9,26)?

Antwort: Ich schäme mich zwar und denke: Was werden die Leute sagen? Aber ich muß Christus und sein Wort lieber haben und nicht denken, was die Menschen sagen, sondern was er am Jüngsten Tag sagen wird. Ich will noch heute oder aber diese Woche etliche Arme, Verlassene besuchen, will zum Spital gehen und sehen, wie mein Christus da liegt, will einen Korb voll Weißbrot kaufen und allen Kranken etwas davon geben, will meine Kinder mit mir führen, daß sie es auch lernen. O Herr JESU, gib mir deine Gnade, daß ich Menschenrede verachte und begehre, allein dir zu gefallen.

Siebte Frage

Solltest du nicht auch andere anregen können, daß sie den Geringsten Christi etwas Gutes tun?

Denk ein wenig nach, und du wirst vielleicht etwas finden, was du durch sie verrichten kannst. Denn wie man vom bösen Feind sagt, daß er seine Boten hinschickt, wo er selbst nicht hinkommen kann, um Böses zu wirken, so soll sich auch eine Seele, die Christus liebt, befleißigen, daß sie durch andere bewirkt, wo sie selbst das Gute nicht tun kann.

Antwort: Ja, ich will darüber nachdenken, und wenn ich jemand anderen zur Nächstenliebe anregen kann, will ich es nicht unterlassen.

Seufze hier und denke in der Stille nach, so wirst du gewiß etwas finden, was du tun kannst.

* * *

‹25› In der anstehenden Woche magst du täglich zum bestimmten halben Stündlein folgende Punkte zur Hand nehmen.

Erster Punkt

Stell dir vor, daß in der ganzen Welt viele arme, verlassene Witwen und Waisen sind. Sie sind in großen Schulden, die täglich wachsen. Täglich werden sie gemahnt. Heute nimmt man ihnen dieses, morgen ein anderes Pfand. Sie verkaufen heute dieses, morgen ein anderes Gütlein, ja endlich auch ihren Hausrat, ihre Kleider, und dann wissen sie doch nicht weiter und bleiben in denselben Nöten wie zuvor. Von ihren Schuldnern werden sie nicht bezahlt, ihre Prozesse werden nicht vorangebracht, ja, man hintergeht sie und es geschieht ihnen vor Gott und der Welt allenthalben Unrecht. Sie wissen vor Beängstigung des Herzens nicht, wo sie sich hinkehren und wenden sollen. Sie werden von kleinmütigen Gedanken überfallen, wollen sich zu Schand und Laster schlagen oder gar das Leben nehmen. Sie haben niemand, dem sie es recht klagen können, und ihre Beichtväter, denen sie es allein sagen dürfen, können ihnen nicht helfen.

O Gott, was ist das ein schweres Kreuz! Und doch sind viele Reiche, die ihnen so leicht helfen könnten.

Frage dich also: Was dünket dich nun, meine Seele, wenn du reich wärest und es in deiner Gewalt stünde, allen diesen betrübten Herzen beizuspringen, wolltest du es nicht von Herzen gern tun? Bedenke es und antworte, wie es dir ums Herz ist.

Antwort: O Gott, ich empfinde ein herzliches Mitleid mit so bedrängten Menschen und wollte nur, daß ich jemand helfen könnte.

Merke aber: da du mit der Tat diesem oder jenem beispringen könntest, so sollst du dir jetzt einen Vorsatz machen, es baldigst zu tun, und danach heute und morgen es nicht vergessen – und so auch bei den folgenden Punkten.

Zweiter Punkt

Stell dir vor, wie in der ganzen Welt ungezählt viele arme Gefangene, schuldige und unschuldige, in schweren Banden liegen. Gar viele werden unschuldig gefoltert, gepeinigt, gereckt, geschraubt, mit grausamen unmenschlichen Martern gequält. Vor unerträglicher Größe der Pein müssen sie gegen sich und andere bekennen, woran sie nie auch nur gedacht haben. Und wenn sie schon tausendmal vor Gott unschuldig sind, will man es ihnen doch nicht glauben. Man schickt zu ihnen unbarmherzige, unwissende Beichtväter, bei denen sie nicht allein keinen Trost finden können, sondern die sie mit Ungestüm überfallen und peinigen, noch mehr als die Folterknechte. Was die armen Menschen sagen oder klagen, ist alles nichts, so lange sie sich nicht schuldig bekennen; sonst will man sie nicht hören. Da foltert man sie dreimal, viermal, fünfmal, bis sie endlich entweder sterben oder sich schuldig bekennen. Und wenn sie noch am Leben bleiben und sich nicht schuldig bekennen, so sagt man, der Teufel stärke sie und halte ihnen die Zunge, daß sie nicht bekennen können. Dann aber müssen sie ja schuldig sein und als Unbußfertige und Verstockte noch greulicher als sonst hingerichtet werden.

O Gott, was ist das für ein Greuel, was ist das für eine Gerechtigkeit! Da ist niemand, der so betrübte und bedrängte Herzen tröstet. Ja, der es tun wollte und könnte, wird nicht zugelassen. So müssen die armen Kreaturen, für die Christus am Kreuz gestorben ist, in ihrem Kot und Gestank, voller Schmerzen des Leibes und der Seele, ganz verlassen liegen und verschmachten. Nicht wunder, daß ihrer viele am Ende verzweifeln, sich selbst umbringen oder dem Satan übergeben.

Nun frage dich also: Was dünket dich nun, meine Seele, wenn es in deiner Gewalt stünde, allen unschuldigen Gefangenen Trost, Hilfe und Beistand zu erzeigen, wolltest du es nicht von Herzen gern tun und sie noch in dieser Stunde aus so großer Angst und Not erlösen?

Antwort: Ja freilich, freilich. Weiß Gott, wie leid es mir tut, daß ich nicht helfen kann. Mich dünkt, ich wollte gern alsbald niederknien und mir den Kopf herunterhauen lassen, wenn ich sie alle damit erlösen könnte.

O du allermildester Herr JESU, wie kannst du ertragen, daß deine Kreaturen so jämmerlich gepeinigt werden? Ich bitte dich durch das rosenfarbene Blut, das aus deinem zarten Fronleichnam für uns Sünder geflossen ist: komm doch zu Hilfe allen unschuldig Bedrängten, daß sie nicht verzweifeln. Erleuchte die hohen Obrigkeiten, daß sie sehen, was sie machen, und die Gerechtigkeit nicht in Grausamkeit und Gottlosigkeit verkehrt wird. Ich wollte auch, daß ich in allen Kerkern herumgehen und die armen verhafteten Leute besuchen könnte. O mein Gott, wie wollte ich es so gern tun und sie alle herzlich trösten.

Dritter Punkt

Stell dir vor, du siehst in einem großen Spital alle Kranken der Welt. Da liegen etliche, die von dem Stein[16] über alle Maßen gequält werden. Sie wissen vor unerträglicher Schärfe der Schmerzen nicht, wo sie sich lassen sollen, schreien und rufen jämmerlich. Da liegen andere, welche nicht weniger von dem Podagra[17], Koliken, Zahnschmerzen und anderen ungezählten Krankheiten geplagt werden. Andere haben etliche Jahre lang den ganzen Leib wundgelegen, können es nicht mehr ertragen und fangen an, schier zu verzagen. Andere sind jämmerlich verwundet, gestochen, gehauen, geschossen, halber tot, halber lebendig. Man muß ihnen in die Wunden mit allerlei Instrumenten hineinfahren, die Kugeln herausnehmen, mit scharfer Materie reinigen, das Faule herausschneiden, die Beine mit einer Säge absägen und mehr dergleichen. Wem wollte nicht grausen, all diesem Elend zuzuschauen!

Nachdem du dir nun auch dieses vorgestellt hast, frage ich dich: was dünket dich nun, meine Seele, wenn du in diesem Augenblick allen Kranken der Welt aufhelfen könntest, wolltest du es nicht von Herzen gern tun?

Antwort: Ja, freilich. Und sollte ich schon selbst einen ganzen Monat lang dafür krank liegen. Solches wollte ich gern auf mich nehmen, wenn nur ihnen damit geholfen werden könnte.

[16] Gallen- und Nierenstein.
[17] Gicht.

Vierter Punkt

Stell die vor, da wären auf einem riesigen Platz alle Bettler der ganzen Welt versammelt, und auf der anderen Seite wäre ein großer Berg von lauter Gold.

Nun frage ich dich: Wenn Gott dir diesen ganzen Berg schenken würde, wolltest du ihn nicht von Herzen gern unter die Armen austeilen, sie alle kleiden, tränken, speisen und ihnen in aller leiblichen Not helfen?

Antwort: Ja freilich, und ich würde für mich selbst auch nur das Notdürftigste behalten.

Fünfter Punkt

Stell dir vor, Gott hätte dir geoffenbart, er wolle bewirken, daß kein anderer Armer mehr auf der Welt sein solle, wenn du für alle anderen die äußerste Armut auf dich nehmen wolltest und alle Tage deines Lebens mit Lazarus vor den Türen deines Nächsten liegen und dich mit den Brosamen, die von seinem Tisch fielen, ernähren solltest?

Was dünkt dich: wärest du bereit, das auf dich zu nehmen? Denk nach und sage mir rundheraus, was du meinst.

Antwort: Ich meine von Herzen, daß ichs zufrieden wäre.

Sechster Punkt

Stell dir vor, wie auf der ganzen Welt hin und wieder viele reisende Leute beraubt werden, auch Schiffbruch auf dem Meer erleiden, und nirgendwo Hilfe finden noch aufgenommen werden.

Was dünkt dich: wenn du allen helfen könntest, sie

und andere Fremdlinge in dein Haus aufnehmen oder ihnen sonst Unterkunft verschaffen könntest, was würdest du tun?

Antwort: Ich empfinde eine herzliche Neigung dazu und wollte sie mit solcher Liebe aufnehmen, wie wenn es Christus selber wäre. Und sobald ich nun Gelegenheit haben werde, einem solchen Fremdling durch mich oder andere Gutes zu tun, selbst wenn es mein Feind wäre, so will ich es doch mit solcher Liebe tun, daß Christus, mein Herr, deutlich sehen sollte, daß ich sein evangelisches Gesetz der Liebe von Grund meines Herzens liebe.

* * *

‹26› Wie die böse Gewohnheit das Herz der Sünder so verstockt und verkehrt macht, daß es gleichsam unmöglich wird, sie wiederum zum Guten zu bekehren, so pflegen hingegen gute Gewohnheiten bei den frommen Leuten ihre Herzen so einzunehmen, daß es hernach schier unmöglich wird, sie wiederum zum Bösen zu bringen. Darum will ich dir hier eine solche gute Gewohnheit nahebringen, die du dir fürderhin zu eigen machen solltest. Folge mir, es wird dir trefflich wohl bekommen.

Schöne Gewohnheit zur Stärkung der Nächstenliebe

Diese Woche sollst du anfangen, dich an folgendes Pünktlein zu gewöhnen.

Es geschieht ohne Zweifel alle Tage etliche Male, daß du entweder hörst von einem oder siehst einen, dem etwas mangelt, sei es, was es wolle. Zum Beispiel, du hörst oder begegnest oder kommst zu einem Kranken oder Verwundeten oder Lahmen oder Blinden oder Betrübten oder Geängstigten oder einem, dem sonst ein Übel, Schaden, Spott, Schande oder dergleichen widerfahren ist: so gewöhne dich daran, alsbald zu denken, es sei Christus selbst, der dieses leide, und mit einem Seufzer sprich in deinem Herzen:

1. Wie wollte ich gern helfen, wenn ich könnte!

2. O Gott, wenn es dein Wille und deine Ehre ist, so nimm es von ihm und gib es mir. Dir zu Lob bin ich bereit, für ihn zu leiden.

Dies ist eine überaus schöne Gewohnheit und ein geistliches Geheim-Stücklein, das eine Braut des Gekreuzigten wohl als köstliches Kleinod zu ihrem geistlichen Schatz legen mag. Es macht das Herz in kurzer Zeit derart mitleidvoll, daß es gleichsam wie weiches Wachs zerfließt. Versuche es, und du wirst es empfinden. Christus hat uns ja ausdrücklich hinterlassen: Selig sind die Barmherzigen, denn sie werden Barmherzigkeit erlangen (Mt 5,7).

Nun wohlan, diese Übung ist bald gesagt, aber so kurz und schlicht sie scheint, so kräftig ist sie. Sei gewiß, daß dies die rechte Straße zur ewigen Seligkeit ist.

* * *

‹27› In der kommenden Woche magst du beim bestimmten halben Stündlein folgende Punkte lesen und beantworten. So übst du die Werke der geistlichen Barmherzigkeit.

Erster Punkt

Wenn ich die Welt betrachte, so sehe ich, wie der hl. Johannes sagt, daß alles voll ist von der Begierlichkeit des Fleisches (1 Joh 2,16). O wieviel Menschen gibt es, die nichts anderes suchen als verbotene Lust, Freude und Üppigkeit der Welt! O weh, denn die, welche hier in dieser Welt nicht das Geringste leiden können, sind eben die, welche in alle Ewigkeit aller Lust beraubt sein werden und in den größten Qualen der ewigen Verdammnis werden leiden müssen.

Wer wollte nicht mit ihnen ein herzliches Mitleid haben? Wer wollte nicht von ganzer Seele wünschen, daß sie sich bei rechter Zeit bekehren und mit Gott, ihrem Schöpfer, dem wahren Brunnquell aller Freude, versöhnen?

Antwort: Gott weiß, daß ich aus all meinen Kräften wollte, daß sie die Augen öffnen und die große Gefahr erkennen möchten, in der sie stecken. O du allgewaltiger Gott, mein gekreuzigter Herr JESUS Christus, zeige deine Kraft und Allmacht, daß alle Sünder der ganzen weiten Welt in einer Stunde zu wahrer Reue finden!

Zweiter Punkt

Wenn ich die Welt betrachte, so sehe ich, wie der hl. Johannes sagt, daß alles von der Begierlichkeit der Augen oder des Geizes erfüllt ist (1 Joh 2,16), das heißt voll der unmäßigen und widerrechtlichen Begierde nach den zeitlichen Gütern. Daher entsteht dann Ungerechtigkeit, Betrug, Falschheit und Arglist. Wo einer den anderen übervorteilen und um das Seine bringen kann, da geschieht es. Witwen und Waisen, Arme und Einfältige, Fromme und Gerechte werden unterdrückt. Gottlose und Ungerechte werden reich, kommen zu stattlichen Ämtern und Dignitäten.[18] Herren und Fürsten bedienen sich ihres Rates, und da sie die Rechte am besten verstehen, sind sie eben diejenigen, die alles mit Ungerechtigkeit erfüllen. Man sagt auch, daß die Gelehrten oft die Verkehrten sind.

Nun lehrt uns aber der christliche Glaube, daß keiner selig werden kann, der nicht von seiner Ungerechtigkeit abläßt und nicht zurückgibt, was er durch Ungerechtigkeit an sich gebracht und den Schaden erstattet, den er anderen durch Rat und Tat zugefügt hat. Und wer wird daraus nicht schließen können, wieviele Menschen zur Verdammnis gehen werden!

Sage nun an, wenn du alle diese ungerechten Menschen, so viel edle Kreaturen Gottes, zur Erkenntnis ihrer Missetat bringen und vom Weg der ewigen Verdammnis abführen könntest, wäre das dein Begehren?

Antwort: Ja freilich, ich wollte dafür sorgen, daß keine einzige Ungerechtigkeit mehr in der Welt wäre, sondern daß alle von unbilligen und widerrechtlichen Begierden abließen, mit dem Zachäus das Ungerechte zurückerstatten und selig würden.

Dritter Punkt

Wenn ich die Welt betrachte, sehe ich, wie der hl. Johannes sagt, daß alles voll ist von der Hoffart des Lebens und des Ehrgeizes (1 Joh 2,16). Daher entstehen Uneinigkeit, Zank und Hader, Krieg, Mord und Tot-

[18] Ehrenstellen.

schlag, ja alle Schande und Laster. Man lebet dahin, als wäre kein Gott im Himmel!

Sage nun an, wenn es bei dir stünde, wolltest du nicht alle Zwietracht in der ganzen Welt aufheben, damit alle Völker in gutem Frieden Gott, unserm Herrn, dienen und so ihre Seligkeit wirken könnten?

Antwort: O ja, wie wäre mir das eine rechte Freude, wenn ich auf einen Tag alle Kriege aufheben und den christlichen Frieden in der ganzen Welt ausbreiten könnte!

Vierter Punkt

Wenn ich die Welt betrachte, sehe ich, daß alles voll ist von Unglauben und Ketzereien, denn in allen Ländern sind viele, die außerhalb des alleinseligmachenden Glaubens leben und die wahre Kirche Christi und sein wahres Wort bestreiten und sich deshalb die Verdammnis auf den Hals laden.

Sage nun an: Wenn du alle Ungläubigen, Abtrünnigen und Ketzer zum rechten Glauben bringen könntest, wolltest du solches nicht aus ganzer Seele wünschen?

Antwort: Ja, ja freilich, aus meiner ganzen Seele. O Gott, bekehre doch alle Völker! Und wenn es dir gefällt, daß ich zu einem so hohen Werk dein Instrument sei, so gieße in mich, ja überschwemme mich mit deinem gewaltigen Geist, denn du kannst durch die verwerflichsten Kreaturen die größten Dinge wirken.

Fünfter Punkt

Wenn ich die Welt betrachte, sehe ich, daß die Jugend gar übel erzogen wird und daher die Bosheit mit dem Alter zunimmt.

Sage nun, wenn du der Herr der ganzen Welt wärest: wolltest du nicht in allen Ländern und Städten Schulen und Stätten der Erziehung aufrichten, damit die Jugend in Lehre, Tugend und Andacht unterrichtet würde? Ja, empfändest du nicht in dir solchen Eifer, daß du selbst, wenn keine anderen vorhanden wären, gern alle Jugend, auch die allerärmsten und schlichtesten Kinder, zur Ehre Gottes mit aller Liebe und Geduld im ABC und in der christlichen Lehre unterweisen wolltest?

Antwort: Es dünkt mir und ist mir ernst: wenn ich der Herr der Welt wäre, so dürfte kein einziges Dörflein unter der Sonne gefunden werden, wo ich nicht dafür sorgen würde, daß die Jugend alsbald zur Ehre Gottes und zu seiner Erkenntnis unterrichtet würde. Wo nur 40 Häuser wären, da sollte mir die Schule das 41. sein.

Ja, wenn keine anderen da wären, die es tun könnten, wollte ich selbst von meinem Königsthron heruntersteigen und die Jugend zur Erkenntnis Gottes führen. Ja, wenn es zur Ehre Gottes vonnöten wäre, wollte ich mein Leben lang das Königreich aufgeben und in dem besagten Dienst mit seiner Gnade bis in den Tod verharren. Denn kein Auge hat es gesehen, kein Ohr hat es gehört, noch in keines Menschen Herz ist es gedrungen, was Gott denen bereitet hat, die ihn in dieser Welt von Herzen lieben, und den Nächsten um seinetwillen.

* * *

‹28› In der kommenden Woche magst du dich täglich zum bestimmten Viertelstündlein in der Feindesliebe üben, wie es hier folgen wird.

Fundament der folgenden Übung, die zu vielem dienen kann

Bevor ich die Übung hierher setze, sollst du etwas Schönes lernen, das nur wenige Menschen richtig wissen. Wie die Liebe zweierlei sein kann, die eine Liebe der Begierde und die andere die Liebe des Wohlwollens, wie oben in der allgemeinen Unterrichtung dargelegt wurde, so kann auch der Haß von zweierlei Art sein.

1. Es gibt einen Haß, der der Liebe der Begierde gegenübersteht, wenn wir nämlich vor jemand einen natürlichen Abscheu oder Widerwillen empfinden, wie es zu geschehen pflegt, wenn er uns lästig ist oder uns verletzt, betrübt oder beleidigt hat. Ebenso, wenn er unflätig, unfreundlich, zänkisch, unkeusch oder uns in sonst einer Weise zuwider und unangenehm ist. Denn da weicht gleichsam die Natur zurück und kann mit der Liebe der Begierde nicht lieben, was ihr nicht begehrlich und liebenswert vorkommt.

Wenn du allein auf diese Weise gegen jemand eine natürliche Abscheu oder einen Widerwillen in dir trägst, kann dies dir noch nicht als Sünde angerechnet werden, wenn sonst nichts hinzukommt oder du deswegen andere Gebote nicht überschreitest.

2. Es gibt aber auch einen Haß, der der Liebe des Wohlwollens gegenübersteht, der eigentliche Haß, wie

er allgemein unter diesem Wort verstanden wird: wenn wir nämlich, aus welchem Grund auch immer, jemand von Herzen alles Böse wünschen. Dieser Haß ist gänzlich von Gott verboten, und wenn das Böse, das du jemand dabei wünschen würdest, sehr groß wäre, so wäre es eine Todsünde.

Daher ist zu merken: wenn du auch einen natürlichen Abscheu gegen einen Feind haben magst, so darfst du ihm gleichwohl nie etwas Böses als Böses wünschen, sondern mußt ihm dennoch wohl wollen und die ewige Seligkeit, die Gnade Gottes und was Gott ihm sonst an zeitlichen oder geistlichen Gütern gönnen möchte, auch von Herzen gönnen. Wenn du dies tust, sündigst du nicht, sondern hältst das Gebot Gottes, da er uns befohlen hat, den Nächsten zu lieben und nicht zu hassen.

So mag jemand sagen: Ach Gott, ich kann diesen und jenen Menschen nicht leiden. Es wallt mein Blut, wenn ich seiner ansichtig werde. Ich glaubte gestern, in die Erde zu sinken, als er mir auf einem engen Weg begegnete und ich nicht ausweichen konnte. Ich fühle, daß sich mir das Herz im Leibe umdreht, wenn ich ihn nur reden höre, denn er hat mir meinen Mann gar jämmerlich ermordet.

Doch gönne ich ihm gleichwohl die ewige Seligkeit und was ihm sonst Gutes von Gott geschenkt wird. Ich will auch nicht, daß er anders gestraft werde, als die Gerechtigkeit es verlangt.

Wenn ich jemand so reden höre, denke ich in meinem Herzen: O Gott, da steht noch alles gut. Das Gebot der Liebe ist noch nicht verletzt.

Einwand: Du magst hier aber sagen: Ich finde meine

Natur aber ganz anders beschaffen, denn in meinem Herzen bleibt es nicht dabei, daß ich einen natürlichen Abscheu gegen meinen Feind habe, sondern ich empfinde zugleich, daß sich in meinem Herzen eine solche Bitterkeit und ein derartiger Haß entzündet, daß ich meinem Feind gern alles erdenklich Böse an den Hals werfen würde, so daß es für mich keine größere Lust auf Erden gäbe, als daß dies geschehen würde. Erst dann wäre mein Gemüt gekühlt und ich würde gleichsam unter lauter Rosen ruhen.

Ja, es dünkt mir auch, es sei mir unmöglich, diese Rachgier zu verhüten, das läge nicht in meiner Gewalt. Dann würde es aber doch sehr gefährlich mit mir stehen, wenn mir dies gleich als Todsünde angerechnet werden sollte.

Und ich meine, daß ich nicht allein so empfinde, sondern die Mehrzahl der anderen Menschen ebenso.

Darauf antworte ich: Wahr ist, daß man gegen seinen Feind meist nicht nur den genannten Abscheu empfindet, sondern daß bald auch ein solcher Haß hinzukommt, daß man ihm sehr übel will und alles Böse wünscht. Wahr ist aber auch, daß dieser Haß oft nur im sinnlichen Strebevermögen und nicht im vernünftigen Willen des Menschen liegt. Deshalb ist dieser Haß dann auch nicht als Sünde anzusehen.

Damit du das aber besser verstehst, sollst du dir abermals etwas Schönes merken, das dir auch in vielen anderen Fragen als grundlegende Unterweisung dienen kann.

Es gibt im Menschen zweierlei Neigung oder »Appetit«, wie es die Gelehrten nennen.

1. Die eine Neigung folgt den fünf Sinnen und wird

der untere Teil des Menschen genannt. Auch das Tier hat diese sinnliche Neigung. Wenn es zum Beispiel sein Futter oder sonst etwas durch seine Sinne wahrnimmt, so begehrt es, was ihm gut vorkommt, oder es flieht, was ihm nicht gut erscheint. So liebt, begehrt und erhofft auch der Mensch, was ihm seine Sinne als gut darstellen, und er haßt, fürchtet und flieht, was sie ihn als böse empfinden lassen.

2. Die andere Neigung folgt der Vernunft, dem menschlichen Verstande nach und wird der obere Teil des Menschen genannt oder auch der Wille, den allein der Mensch hat und durch den er sich vom Tier unterscheidet.

Der vernünftige Wille des Menschen aber ist so beschaffen, daß er sich nicht notwendig dahin bewegt, wohin die Sinne ihn leiten wollen, sondern er kann und soll dem Verstand oder der rechten Vernunft folgen und nichts lieben oder hassen, als was ihm der Verstand (der sich wiederum nach den Geboten Gottes richten soll) zu hassen oder zu lieben vorstellt.

So kann es geschehen, daß der untere Teil des Menschen etwas liebt oder haßt, was oder wie es Gott nicht haben will; dann ist der obere Teil des Menschen verpflichtet, nicht darin einzuwilligen, sondern dem sinnlichen Strebevermögen gleichsam einen Zaum anzulegen und ihm ernstlich zu widersprechen. Auf diese Weise sündigt der Mensch nicht, ja, er hat vielmehr ein großes Verdienst, weil er so tapfer nach der Anleitung des Verstandes und des Gebotes Gottes mit dem vernünftigen Appetit gegen den sinnlichen Appetit kämpft.

Wenn der Mensch aber in Dingen, die er nicht soll, dem sinnlichen Appetit folgt, das heißt ihm wohlbedacht mit Wissen und Willen zustimmt und seine Gelüste gut heißt, entsteht erst die Sünde, zu der der sinnliche Appetit sonst nicht fähig gewesen wäre.

Nun komme ich auf unser Vorhaben zurück, das mir Anlaß war, dies so deutlich darzulegen, und sage: Wenn du in deinem Herzen übergroße Bitterkeit und Rachsucht, Haß und Neid gegen jemand fühlst, so daß dein sinnlicher Appetit heftig dahin drängt, daß doch diesem Feind alles Böse widerfahre, und wenn du meinst, es sei dir in Ewigkeit unmöglich, ihm zu vergeben, so laß dich dadurch nicht beirren, sondern tu, was ich dir jetzt sagen werde, und du wirst vor Gott ohne Sünde bleiben, ja, du wirst dir dazu noch eine Krone verdienen.

Siehe, ich habe nicht nur einen großen Abscheu gegen meinen Feind, sondern will ihm auch alles Böse, selbst die ewige Verdammnis. Was soll ich tun? Ich bin dennoch nicht gezwungen, mit dem oberen Teil meiner Seele, mit dem vernünftigen und vom Verstand geleiteten Willen diesem Empfinden zuzustimmen. Gewiß, diese meine sinnliche Neigung wütet und tobt und ist wie von Sinnen. Was kann ich mit einer solchen Bestie machen? Im Augenblick kann ich sie nicht zur Ruhe bringen. Es steht nicht in meiner Gewalt, diese grausame Bitterkeit aus meinem Herzen zu reißen, wie man etwa ein Pflänzlein aus der Erde reißt. Aber das weiß ich nun, daß solches Wüten mir nicht zum Nachteil und Schaden gereichen muß, wenn ich meinen vernünftigen Willen zurückhalte.

Ich muß diese wütende Bestie weiter toben lassen. Die Natur läuft über; sie muß noch sieden und wallen. Da ist alles Predigen und Einreden vergebens. Die Zeit allein wird alles hinbringen; es ist genug, daß mein vernünftiger Wille nicht zustimmt. Es ist der Unterschied zwischen dem, was das Fleisch, und dem, was der Geist begehrt. Dem Geist nach habe ich bisher nicht Ja gesagt, und mit der Gnade Gottes werde ich es auch nicht tun.

O Herr, hilf mir in dieser Not, da ich zu dir meine Stimme erhebe! Damit du siehst, daß ich gern das Meinige dabei tun will, heiße ich hiermit das Toben meiner sinnlichen Natur in keiner Weise gut. Ich will weder mit Worten noch mit Taten meinem Haß nachgeben. Vielmehr will ich tun, was unser Heiland uns befohlen hat, als er gebot, daß wir auch unsere Feinde lieben sollen.

Deshalb falle ich auf meine Knie nieder, und mit ausgebreiteten Armen, wie JESUS am Kreuz für seine Feinde gebetet hat, bete auch ich langsam und mit bedachtsamer Vernunft:

Vater unser, der du bist im Himmel

Danach küsse die Erde zum Zeichen der Demut gegen Gott, daß du dich seinen Geboten unterwirfst und um seinetwillen dem Fleisch widerstehst, ja, sogar für deinen Feind bittest, was du sonst niemand zu Gefallen tun würdest.

Dann stehe auf und lasse Gott walten. Hüte dich aber, daß du dich weder mit Worten noch mit Werken gegen deinen Feind einläßt. Wiederhole die Übung, die du jetzt vollzogen hast, täglich wenigstens ein- oder zweimal. So bleibst du nicht nur ohne Sünde (so daß du auch nicht gezwungen wärest, vom Tisch des Herrn fernzubleiben), sondern du gewinnst einen

Schatz im Himmel, selbst wenn die Bitterkeit deines sinnlichen Begehrens länger bleiben, ja, noch zunehmen würde.

Dies soll dir und allen Christen ein herrlicher Trost und ein schönes Lehrpünktlein sein, das man zur Zeit der Not brauchen mag.

Nun folgt die Übung etlicher Werke der Feindesliebe

Wenn du dich zum bestimmten halben Stündlein zur Ruhe gesetzt hast, so lies folgende Fragen und beantworte sie sinngemäß.

Erste Frage

Hast du etwa einen oder mehr Feinde, die entweder du nicht magst oder die dich nicht mögen oder die dir oder den Deinen jemals ein Leid zugefügt haben?

Antwort: Ja, ich habe Feinde, nämlich N.N.

Zweite Frage

Wenn du gegen diese keinen besonderen Widerwillen verspürst oder ihnen gern vergibst oder vergeben hast, so danke Gott und sprich mit einem Seufzer: O Gott, ich danke dir. Behüte doch hinfort mein Herz allezeit, daß ich nicht in Versuchung falle. Und vergib uns unsere Schuld, wie auch wir vergeben unsern Schuldigern. Wenn du aber in deinem Herzen einen starken Widerwillen, Groll und Grimm verspürst, so sage mir, ob du nicht der rechten Vernunft nach wolltest, daß dieser Groll ganz weg wäre.

Antwort: Ja, ich wollte, daß all diese bitteren Regungen, die ich in meiner Natur empfinde, weit von mir wären. Aber wie kann ich über meine Natur gebieten und diese Bitterkeit geschwind in eine Freundlichkeit verwandeln? Es steht nicht in meiner Gewalt, wenn ich es auch tausendmal wollte.

Dritte Frage

Du sagst das nicht zu Unrecht. Aber wenn es dir auch unmöglich erscheint, diese Bitterkeit zu überwinden, so ist es dir doch nicht unmöglich, daß du Gott bittest, sie von dir zu nehmen. Du kannst also beten:

O Gott, ich bitte dich durch das Blut deines geliebten Sohnes JESUS Christus, nimm du von mir alle Bitterkeit, weil ich es nicht kann. Stille du, o Herr, das Wüten meiner Natur, denn ich begehre es; ich will ja gegen dein Gebot nicht sündigen. Was kann ich denn anderes tun, als deine Gnade ersuchen? Wenn du nun nicht helfen willst, so bin ich ja genug entschuldigt. O Herr, erhöre mich, denn Groll und Bitterkeit sind gefährlich.

So, sage ich, kannst du beten. Tu, was in deiner Kraft liegt, und wiederhole jetzt dieses Gebet.

Antwort: Ja, ich wiederhole es. O Gott etc.

Vierte Frage

Unser Gesetzgeber Christus JESUS hat im heiligen Evangelium gesagt, daß seine Kinder für ihre Feinde beten und daß dieses Zeichen seine Christen von anderen unterscheiden soll. Willst du diese Woche jeden Tag für deine Feinde drei Vaterunser beten, und zwar mit ausgespannten Armen, wie unser Herr am Kreuz für seine Feinde gebetet hat?

Antwort: Ja, ich will es mit Andacht langsam beten in Vereinigung mit dem Gebet Christi am heiligen

Stamm des Kreuzes. Dann hoffe ich zu Gott, daß mit der Zeit aller Groll und Bitterkeit des Herzens schwinden und sich endlich ganz verlieren.

Fünfte Frage

Sage aber: Bist du nicht auch eingedenk dessen, was unser Gesetzgeber gewollt hat, daß wir denen, die uns Böses getan haben, Gutes tun, und daß wir uns mit ihnen versöhnen? Willst du dies auch tun, wenn du vielleicht jemand beleidigt hast?

Antwort: Um die Wahrheit zu sagen: das wird mir wohl sehr schwer fallen. Aber mit der Gnade Gottes will ich mich dem Willen meines Beichtvaters unterwerfen, und was ich nach seinem Urteil in diesem Fall zu tun schuldig bin, will ich verrichten, auch wenn es mir schon etwas sauer vorkommen sollte.

* * *

Übung der Hoffnung und der Liebe
Zwiegespräch des Gekreuzigten mit den Nägeln, dem Hammer …

‹29› Eine andächtige Seele betrachtete einstmals, was JESUS am Kreuz in seinen dreistündigen Schmerzen geredet haben mag, und es dünkte ihr, er sprach mit den eisernen Nägeln, mit denen er angenagelt war, auf folgende Weise.

JESUS spricht zu den Nägeln

O ihr undankbaren und unbarmherzigen Nägel, wie habt ihr eures Herrn und Schöpfers Hände und Füße ohne jegliches Mitleid so jämmerlich durchbohren können? Was hab ich euch getan? Habt ihr nicht an die Wohltat gedacht, daß ich euch als ein feines Metall erschaffen habe? Ist das der Dank, den ihr mir erweist, daß ihr mich hier festhaltet drei ganze Stunden in diesen Schmerzen? O ihr unbarmherzigen Nägel, wie lohnt ihr es mir so übel!

Antwort der Nägel

O mein Gott vom Himmel! O wir armen Nägel! Wir sagen dir Dank, daß du uns als ein so feines Metall erschaffen hast. Wir haben nicht gegen dich gehandelt. Denn wir haben keine Schuld daran, daß wir dich in solchen Schmerzen so lange festhalten müssen. Wir sind ein totes Metall und können weder wollen noch von uns aus jemand Gewalt antun. Der Hammer ist die Ursache, der hat uns wider unseren Willen mit Gewalt hineingetrieben und durch deine Hände und Füße geschlagen. Den klage an; der hats getan.

JESUS spricht zum Hammer

O du unbarmherziger Hammer, wie bist du so grausam! Solltest du so grausame Nägel durch meine zarten Hände und Füße schlagen dürfen? Fürchtest du nicht deinen Schöpfer? Weißt du nicht, daß du von mir dein Wesen und deine Natur empfangen hast? Ich habe dich ja so hoch geehrt, daß ich auch mein göttliches Wort mit dir verglichen und es einen Hammer genannt habe, mit dem die harten Herzen der Sünder zerschlagen werden (Jer 23,29). Wie warst du so undankbar!

Antwort des Hammers

O mein Gott vom Himmel! Ich armer Hammer bin ganz unschuldig. Wie sollte ich meinen Schöpfer von mir aus beleidigen? Ach nein, nein, ich bin ein toter Hammer, kann nichts von mir selber, bin ein lebloses Instrument des Zimmermanns; muß mich gebrauchen lassen zum Guten und Bösen, wie es dem gefällt, der mich in der Hand führt. Den klage an, der hats getan.

JESUS spricht zum Zimmermann

Hörst du, unbarmherziger, grober Zimmermann, wie hast du deinen Schöpfer so kreuzigen dürfen? Was hab ich dir getan? Womit hab ich das verdient? Ja, wenn schon alle Handwerker mich hätten kreuzigen wollen, so solltest doch du allein es abgewehrt haben. Denn ich habe dein Handwerk besonders geehrt, da ich mich in der Heiligen Schrift einen Zimmermann der ganzen Welt nenne (Koh 11,5)[19] und einen Zimmermann zum Vater auserwählt habe (Mk 6,3): wie bringst du mich dann zu diesen Schmerzen?

Antwort des Zimmermanns

O mein Gott vom Himmel! Ich armer Zimmermann, was habe ich getan! Ich habe meine Obrigkeit, der bin ich unterworfen. Die Obrigkeit hat dich zum Tode verurteilt. Ich habe über ihre Urteile nicht zu richten.

[19] Nur in der Vulgata-Übersetzung: Deus fabricator omnium.

Wer wollte mir sagen, ob du den Tod unschuldig erleidest oder nicht? Ich mußte vollziehen, was mir befohlen wurde. Klage an, die es mir geboten haben!

JESUS spricht zur Obrigkeit

O undankbare ungerechte Obrigkeit, wie hast du dich an mir vergreifen und das unschuldige Blut vergießen dürfen? Ich habe dich vor allem Volk geehrt. All deine Gewalt hast du von mir empfangen. Du hättest nichts, wenn ich es dir nicht gegeben hätte. Wie konntest du das vergessen und befahlst, mich zu kreuzigen? O weh der Angst und Not! O weh der Schmerzen, die ich leide!

Antwort der Obrigkeit

O mein Gott vom Himmel! Was willst du uns verklagen? Es sagt ja die Schrift, daß du zum Kreuz geboren bist. Klage deine Mutter an, die dich zur Welt gebracht und zu solchem Elend geboren hat.

JESUS spricht zu seiner Mutter

O du zartes und mildes mütterliches Herz, wie hast du mich gebären können? Wie konntest du mich in ein solches Leiden schicken? Warum gabst du mir das Leben, wenn du wußtest, daß ich es so schmerzlich verlieren müßte? Nun habe ich dich doch so sehr geliebt und verehrt. Ich habe dich vor allen Völkern gesegnet und erhoben. Warum brachtest du mich dann auf diese Welt in solchen Schmerzen?

Antwort der Mutter

O mein Gott vom Himmel! O mein allerliebstes Kind, wie kannst du mich so sehr betrüben? Nun siehe wohl: dies ist die Stunde, in welcher ein scharfes Schwert meine Seele durchdringen sollte (Lk 2,35). Wie hast du mein Herz so sehr verwundet! Ich habe dich nicht aus mir empfangen. Der Engel sagte mir, ich solle von Gott empfangen; der Heilige Geist solle meine Geburt bewirken. Da mußte ich ja dem Engel Glauben schenken: den klage an, den bestrafe, wenn es anders ist, denn ich habe es ja nicht verschuldet.

JESUS spricht zum Engel

O Gabriel, du schöner Knabe, sollten denn auch die Engel des Himmels helfen, mich zu kreuzigen? Sage an, du heller Morgenstern, du Zierde des Himmels, wie hast du mich zu solchem Tod und Leiden verkündigen können? Es erbarmen sich ja meines Todes die harten Steine und Felsen, denn sie zerspringen. Es erbarmen sich die Toten, denn sie stehen auf aus den Gräbern. Es erbarmen sich Sonne und Mond, denn sie verfinstern sich. Es erbarmen sich alle Tiere und Vögel, denn sie verbergen sich in ihren Höhlen. Wie warst du denn allein so unbarmherzig, daß du mich zu einem solchen Tod verkündigen konntest? Ach, ach, welch traurige Botschaft!

Antwort des Engels

O mein Gott vom Himmel! O du Krone und Glorie der Engel, wie hätte ich umgehen können, was mir befohlen war? Dein Vater sendet mich, dem müssen wir im Augenblick gehorsam sein. Da mußte es geschwind geschehen: alle Engel waren gleich bereit und begleiteten mich zu deiner Mutter. Wie konnte ich dem Willen deines allmächtigen Vaters widerstreben? Was ich geredet und verkündigt habe, war schon in seinem göttlichen Rat von Ewigkeit beschlossen. Es ist die Schuld deines Vaters. O mein Gott vom Himmel!

JESUS spricht zum Vater

Heli, Heli, lama Sabactani. Mein Gott, mein Gott, warum hast du mich verlassen? Siehe da dein armes Kind, du treuer Vater! Mein Vater, wie hast du mich verlassen? Ich bin ja dein liebes ewiges Kind, das du von Ewigkeit geboren hast: wie hast du mich so ganz und gar verworfen? Einen einzigen Sohn hast du von Ewigkeit gezeugt: wie konntest du ihn so ganz und gar verstoßen? Ach, ach, mein Vater, mein Vater, rette mich aus dieser Not, denn ich leide große Schmerzen!

Antwort des Vaters

Ach, mein liebes Kind, du verwundest mir mein väterliches Gemüt und gibst mir einen harten Stoß an mein Herz mit deinen Klagen. Wie kann ich meines allerliebsten eingeborenen Sohnes vergessen? Du allein bist mein geliebter Sohn, mein Ebenbild, mein Schatz und mein Reichtum, ja mein selbst eigenes Wesen: du in mir und ich in dir; ja ich bin du und du bist ich, meine eigene Substanz, mein eigenes Gemüt und Herz, meine Gottheit. Nicht ich bin es, der dich so verfolgt, der dich kreuzigt und tötet, nicht mich darfst du beschuldigen: siehe da der Mensch, den du so sehr geliebt hast; seine Sünden und Missetaten bringen dich in dieses Elend. Ja, du selbst und deine unausprechliche Liebe zum Menschen hat dich ans Kreuz geschlagen. Ich sagte es dir zuvor, da du von hier in die Welt reisen wolltest, es würde dir so ergehen. Da wolltest du nichts hören. Die Liebe hielt dich gefangen. O mein Schatz, mein frommes Kind, so brich nun am Baum des Kreuzes die Frucht der Liebe! Du hast es selber so haben wollen. Da danke es nur selber dir und deiner Liebe, denn ich bin an deinem Blute unschuldig. Gehe hin, mein liebes Kind, und klage es dem Menschen, den du so sehr geliebt hast.

Da JESUS dies hört, erhebt er seine Stimme zu allen Völkern und spricht aus allen Kräften.

JESUS spricht zu den Menschen

O Mensch, o Mensch, wie konntest du mich so jämmerlich ermorden? Sehet zu, o ihr Völker alle, die ihr vorübergeht: ist ein einziger Schmerz auf Erden, der gleich ist meinen Schmerzen? O ihr Menschenkinder, ihr seid es, die mich töten. Um eurer Sünden willen muß ich sterben. Euch habe ich zu sehr geliebt. Nun laßt ab von den Sünden, hört auf, denn ich muß sterben. Gehet hin zum Priester, beichtet und büßt! Rächt euch an den Sünden, die mir das Leben nehmen. Eure Hoffart hat mich gekrönt, euer Geiz hat mich angenagelt, eure Unkeuschheit hat mich gegeißelt, euer Zorn hat mich durchstochen, eure Trägheit nimmt mir das Leben.

Antwort der Seelen

Als JESUS so geredet hatte, seufzte die andächtige Seele und sprach: Selig ist das Kreuz, das dich getragen hat und der Schwamm voll Galle, den du gesogen hast! Ja freilich: denn dein Tod ist mein Leben, deine Armut ist mein Reichtum, dein Fall meine Auferstehung. Durch die Wunden Christi lebe ich, in den Wunden Christi sterbe ich, die Wunden Christi opfere ich, durch die Wunden Christi werde ich selig. Amen.[20]

* * *

Wie man die heilige Messe andächtig mitfeiern kann

‹30› Es liegt mir fern, zu meinen, daß es nicht andere und schönere Weisen gäbe als die, die ich jetzt zu Papier bringen will, denn ich weiß, daß ganze Büchlein gedruckt sind, wie man die Messe mitfeiern und was man bei jedem Teil beten soll. Aber weil man zuweilen eine Veränderung liebt und es angenehmer ist, wenn man sich einmal diese und dann jene Weise zu eigen machen kann, will ich dir das, was mir dazu in den Sinn gekommen ist, nicht vorenthalten.

Vor der Messe

Sobald du die Glocken zur Messe läuten hörst, magst du denken, es rufe dir dein Engel oder der König David zu: Venite exultemus Domino,[21] das heißt:

20 Spee bietet diese Ringerzählung auch in Gedichtform.

21 Ps 95,1. Dieser Psalm stellt seit eh und je den Eröffnungsgesang des tägli-

Kommt, kommt, laßt vor den Herrn uns treten,
Von uns will er sein angebeten.
Dem Herren soll all Ehr gebühren.
Sein Namen laßt uns löblich führen.

Kommt, kommt geschwind, dem Herren singt,
Ihn müssen wir nun loben.
Wer ihm nicht klingt, wer ihm nicht springt,
Mag mit dem Satan toben.

Danach setze dir das rechte Ziel und die rechte Meinung, warum du zur Messe gehen willst. Das sollst du niemals unterlassen. Um diese Intention zu fassen, magst du in deinem Herzen beten:

Allmächtiger Gott, meine Intention ist es, daß ich dich durch dieses Opfer als den einen Gott und Herren, uns aber als deine Diener öffentlich bekenne und dir nach Kräften unendliches Lob erzeigen helfe. Ich freue mich von Herzen, daß dir von der ganzen christlichen Kirche auf vielen tausend Altären ein so herrliches Opfer dargebracht wird. Nun schau auf deinen gekreuzigten Sohn; er ist ja dein allerliebstes Kind, ihm kannst du nichts versagen. Nimm ihn an und sei uns gnädig, allen Lebenden und Toten.

Mit diesen oder ähnlichen Worten oder Gedanken sollst du die Messe beginnen, weil dies die eigentliche Kern- und Hauptintention ist, warum Gott die Messe gestiftet hat.

chen Stundengebetes der Priester und Mönche dar. Für Spee hat die Messe vor allem den Charakter des frohen Gotteslobes.

Zum Introitus

Wenn der Priester zum Altar geht und den Introitus liest,[22] sollst du mit Fröhlichkeit des Herzens alle Völker zum Lobe Gottes erwecken auf diese oder eine ähnliche Weise:

Nun lobet Gott im hohen Thron,
Ihr Heiden aller Nation!
Ach, preiset ihn mit Freudenschall,
Ihr Völker auf der Erden all!

Denn seine Gnad und Treue gut
Auf uns sich immer mehren tut.
Es wird die Wahrheit dieses Herren
In Ewigkeit unendlich währen.

Zur Epistel

Wenn der Priester die Epistel liest, sollst du denken, es sei ein Sendschreiben, das dir vom Himmel geschickt wird. Und du sollst inwendig mit den Ohren des Herzens aufmerksam hören, was dir die göttliche Einsprechung an diesem Tag in dein Herz geben will. Es dünkt mich, dies wäre die rechte Zeit, von Gott eine geistliche Lektion zu erbitten und im Herzen zu beschließen, an diesem Tag dieses oder jenes gute Werk zu tun. So magst du beten:

Heiliger Geist, du wahrer Lehrer aller Menschen,

[22] Es ist zu bedenken, daß die Form der täglichen Meßfeier zur Zeit Spees die stille lateinische Messe war.

was für eine Lektion gibst du mir heute auf? Was könnte ich wohl an diesem Tag tun, was dir gefällt?

Dann verweile still und merke auf das, was dir einfällt. So wird kein Tag vergehen, an dem du nicht ein besonderes gutes Werk übst, das du sonst wohl unterlassen hättest.

Damit es dir aber nicht an Beispielen mangelt, will ich dir im folgenden Kapitel[23] ein ganzes Register mit vielen gottseligen guten Werken aufsetzen, aus denen man jetzt dieses, dann jenes für den einen oder den anderen Tag auswählen und ins Werk setzen kannst. Lies dieses Kapitel zuweilen, so wird es dir nimmermehr an guten Einfällen mangeln.

Es werden dir so viele Stücklein einfallen, daß du dich wundern wirst, denn wenn man dem Heiligen Geist nur das Herz bereitet, hört er nicht auf, den Menschen mit immer neuen Einsprechungen anzutreiben.

Zum Evangelium

Wenn der Priester das Evangelium liest, so stell dir vor, wie Christus auf einem hohen Berg predigt. Dann danke Gott, daß er das Evangelium in die Welt gesandt und uns mitgeteilt hat und bitte ihn, daß er immer mehr Völker zum Evangelium berufen und alle Welt den Namen des Herrn preisen möge.

Ach Gott, woll halten mich gesund,
Daß ich möcht leben[24] jene Stund,

23 Vgl. S. 207-211.

24 erleben.

Zu welcher einmal überall
Mit gleicher Stimm und gleichem Schall,
All Kreaturen groß und klein,
So viel ihr immer mögen sein,
Gott mögen recht von Herzen loben
Auf Erden und im Himmel droben.

Zur Präfation

Wenn der Priester die Präfation spricht, sollst du das Herz erheben, wie wenn du in den himmlischen Palast entrückt würdest und die Engel sähest, die klarer als die Sonne den himmlischen Thron umgeben und mit einmütiger Stimme aus Herzensgrund rufen: Sanctus, Sanctus, Sanctus. Und dann sollst du dir vorstellen, du wärest unter ihnen, um mit ihnen Gott zu loben und zu rufen: Heilig, heilig, heilig ist der Gott Sabaoth. Voll ist alle Erde von seiner Majestät und Herrlichkeit. Gebenedeit sei, der da kommt im Namen des Herrn. Hosanna in der Höhe!

Zur Erhebung der heiligen Hostie

Nun wollte ich wohl hier ein schönes, auserlesenes, ganz kräftiges Mittel aufgeschrieben haben, nicht allein für diejenigen, die noch nicht in einem bestimmten Lebensstand sind – wie sie nämlich von Gott erfahren können, zu welchem Stand er sie beruft und was sein Wille ist, das sie tun sollen: ob sie entweder den weltlichen oder den geistlichen Stand annehmen sollen – sondern auch für diejenigen, die bereits einen gewissen geistlichen oder Mittelstand angenommen haben,[25] wie sie in demselben eine unaussprechliche Standhaftigkeit von Gott gewiß erlangen mögen. Aber weil dieses mein Mittel gar kurz und schlicht ist, fürchte ich, man möge es verachten, oder es würde seine Kraft verlieren, wenn ich es so allgemein bekannt mache. Ich will es deshalb noch geheim halten.

Wiewohl, wenn ich es besser bedenke, merke ich, daß dieses Traktätlein auch nicht von jedermann, sondern nur von etlichen Personen gelesen wird, bei denen es nicht übel angelegt sein wird, und welche die Perlen nach ihrem Wert recht schätzen werden. Will deshalb ihnen dieses mein geistliches Geheimstücklein nicht verbergen.

Das erste Mittel für noch ledige Personen lautet also: Wenn du noch keinen bestimmten Stand erwählt hast und begehrst von Herzen nichts anderes, als nur den Willen Gottes zu erkennen und ihm zu folgen, so mache dir zur Gewohnheit, daß du, so oft du fernerhin der heiligen Hostie ansichtig wirst, alsbald zu Christus rufst: O Herr JESU Christe, was willst du, das ich tun soll? Bereit ist mein Herz, mein Herz ist bereit.

Ich sage: wenn du dir dies zur Gewohnheit gemacht und es ein Jahr oder zwei geübt haben wirst, so wirst du mit der Zeit in deinem Herzen einen solch starken Zug und Antrieb entweder zu diesem oder zu jenem Stand empfinden, daß du nicht mehr zweifeln wirst, was Gott der Allmächtige aus dir machen will. Und dann sprich mit dem Beichtvater über das, was du empfindest.

Dieses Mittel ist sehr erprobt und bewährt; es wäre

25 Siehe oben S. 25.

viel darüber zu sagen, wenn Zeit und Gelegenheit es gestatten würden.

Das zweite Mittel für Geistliche oder die sich in einem Mittelstand Gott verlobt haben, lautet so: wenn du dich in einem Stand der Vollkommenheit, das ist: im geistlichen oder Mittelstand Gott bereits verlobt hast und begehrst von ihm ewige Standhaftigkeit zu erlangen, so mache dir zur Gewohnheit: daß du, so oft du künftig die heilige Hostie siehst – es sei oft oder selten, wie es will –, alsbald rufst: O Herr JESUS Christus, ich danke dir aus Herzensgrund, daß du mich berufen hast. Gepriesen sei diese Stunde in Ewigkeit! Ich erneuere meine Gelübde und gelobe jetzt, was ich damals gelobt habe, und binde mich von neuem an dich in Ewigkeit. Amen.

Ich sage gleichfalls: wenn du dir dies zur Gewohnheit gemacht hast, wirst du mit der Zeit in deinem Herzen empfinden, daß die Liebe zu deinem Beruf und Stand dermaßen zunehmen wird, daß es nachher unmöglich sein wird, daß etwas dich im geringsten wankend und unstet macht.

Ich habe etlichen Ordenspersonen, die nicht wenig in ihrem Stand angefochten wurden, nichts anderes als nur dieses leichte Mittel empfohlen, und sie haben dadurch bald eine solche Standhaftigkeit von Gott erlangt, daß sie sich selbst nicht genug darüber wundern konnten. Ich habe auch noch keinen Geistlichen oder Novizen (von denen ich es gar vielen mitgeteilt habe) gesehen, der dieses Mittel gebraucht hätte und nicht bis auf die heutige Stunde beständig geblieben wäre.

Nach der Erhebung der heiligen Hostie

Wenn der Priester nach der Erhebung der Gaben in der Stille betet, sollst du die ganze Welt in die heiligen fünf Wunden Christi legen:

den Papst, die Kardinäle, die Bischöfe und die ganze Geistlichkeit;

den Kaiser, die Könige, Fürsten, Obrigkeiten und alle weltlichen Stände;

alle Sünder, alle Betrübten und Bedrängten;

alle Ungläubigen und Ketzer, daß Gott sie erleuchten wolle;

endlich dich selbst, deine Eltern, Freunde, Verwandten, Bekannten mit allen, die sich in dein Gebet empfohlen haben, und alle Seelen im Fegfeuer.[26]

Zum Pater noster und zur Brechung der Hostie

Wenn der Priester wiederum laut betet, sollst du mit ihm das *Pater noster* beten, und noch ein zweites für die Seelen im Fegfeuer.

Wenn der Priester die Hostie über dem Kelch bricht, so erinnere dich des bitteren Leidens und Sterbens JESU Christi.

O bittrer Tod, o Angst und Not!
Gott ist am Kreuz gestorben.
Sein teures Blut komm uns zugut.
Das Heil hat er erworben.

26 Zur Zeit Spees kannte man im Bereich des Wortgottesdienstes der Messe keine Fürbitten. Deshalb fanden sie im privaten Gebet an dieser Stelle ihren Platz.

Zum Agnus Dei

Wenn der Priester das Agnus Dei betet, so stell dir Christus, das unschuldige Lamm, vor und sprich mit gebeugtem Haupt: O Lamm Gottes etc.

Zur Kommunion

Wenn der Priester nach dem Agnus Dei wiederum still betet und sich auf den Genuß des heiligen Opfers vorbereitet, sollst auch du dich vorbereiten, geistlicherweise zu kommunizieren, das ist durch die geistliche Begierde.[27] Halte Christus dem Herrn in aller Demut deine Gebrechlichkeiten hin und alle Anliegen, die dich sonst beschweren.

Glaube mir, Christus, unser Herr, hat kein steinernes Herz für seine lieben Kinder, sondern will und muß barmherzig sein. Er hat sich so weit und tief mit den Menschen eingelassen, er kann uns in Ewigkeit nicht verlassen, wenn wir es nur selbst nicht verschulden. Was dich also beschwert, was dir Kummer bereitet, was dich betrübt, all dein Kreuz und Leiden, alle Gebrechen und Unvollkommenheiten, trage ihm demütig vor wie ein Kind seiner Mutter. Ich verspreche dir nach dem ausdrücklichen Wort Gottes: er wird sich

27 Schon der Empfang der heiligen Kommunion an den Sonn- und Feiertagen wurde gegenüber anderen Gläubigen als ein Vorrecht der Frauen der Gesellschaft St. Ursula empfunden. In der Werktagsmesse wurde die heilige Kommunion nicht ausgeteilt. Deshalb war es ein besonderes Anliegen der Pastoral, die geistliche Kommunion zu pflegen. In einem Nachtrag zum Güldenen Tugend-Buch bietet Spee dazu mehrere Formen der Vorbereitung an, von denen einige wegen der thematischen Einheit im Anschluß an diese Anleitung zur Mitfeier der heiligen Messe dargeboten werden.

deiner erbarmen und aus allen Nöten, wenn es dir dienlich ist, erretten.

Klag deine Not, mein liebes Kind,
Gott wird dich nicht verlassen:
Sein Gütigkeit und Gnade lind
Ist über alle Maßen.

Zum Segen

Wenn der Priester den Segen geben will, sollst du dich in aller Demut dazu bereiten und ihn mit gebeugtem Haupt empfangen, als wenn er von Christus selbst, dessen Stelle der Priester vertritt, käme. Ja, du sollst gewiß sein, daß ein solcher Segen, selbst wenn er von einem bösen Menschen gegeben würde, dennoch wegen des ihn tragenden priesterlichen Amtes seine Kraft besitzt.

* * *

Zur Vorbereitung auf die heilige Kommunion

‹31› Diese Woche magst du alle Tage in der Messe folgende Übung gebrauchen und geistlich kommunizieren. Danach aber sollst du sie noch zuweilen gebrauchen, wenn du leiblich kommunizieren willst. Dazu ist diese Übung trefflich gut.

Vom Anfang der Messe bis zum Evangelium halte dir die Passion Christi vor Augen. Danach stell dir vor, Christus JESUS, dein Bräutigam, halte dir die folgenden Fragen vor. Lies eine jede fein bedachtsam, antworte darauf mit fröhlichem Herzen und beschließe die Antwort mit einem Seufzer.

Die Fragen aber gehen auf die drei Göttlichen Tugenden, den Glauben, die Hoffnung und die Liebe zum heiligen hochwürdigen Sakrament; und so oft du antwortest, so oft übst du ein Werk dieser Tugenden.

1. Vom Evangelium bis zur Erhebung der heiligen Hostie fragt dich JESUS vom Glauben

Sage an, mein Kind, glaubst du ganz ohne Zweifel, daß unter den Gestalten des Brotes nicht allein mein Fleisch, sondern auch das Blut, nicht allein meine Menschheit, Leib und Seele, sondern auch die Gottheit, alle Kraft und Allmacht, Majestät und Herrlichkeit verborgen ist? Bedenk dich ein wenig; danach antworte.

Antwort: Ja, ich glaube, und bin bereit, für diesen Glauben mein Leben zu verlieren.

Glaubst du auch, mein Kind, daß wo ich bin, auch mein Vater ist, und auch der Heilige Geist, und also wir alle drei Personen, ein einziger allmächtiger Gott, wesentlich und persönlich zu dir jetzt kommen und Wohnung bei dir nehmen werden?

Antwort: Ja, ich glaube.

Glaubst du auch, was ich gesprochen habe: Wer mein Fleisch und Blut zu sich nimmt, der soll ewiglich nicht sterben, sondern leben, so lang als Gott selber, wann er sich nicht wiederum wissentlich und willig in eine Todsünde stürzen wird?

Antwort: Ja, ich glaube.

2. Von Erhebung der heiligen Hostie bis zum Pater noster fragt dich Jesus von der Hoffnung

Mein Kind, erwähle dir eines aus beiden. Ich will dir geben entweder meinen Heiligen Fronleichnam in einer Hostie: oder aber alle Perlen aus dem Orient, alles Gold und Silber, alle Edelsteine, Kleinodien, Schätze und Reichtümer der ganzen Welt. Doch mit der Bedingung: wenn du eines nimmst, sollst du das andere dein Leben lang nicht erhalten. Was dünkt dich? Wähle eines! Was willst du nehmen? Da greife zu. Erwähle, was dir beliebt.

Antwort: O Gott, was auch immer sollte mich ankommen, daß ich dich, mein höchstes Gut, gegen ein so schlechtes Ding vertauschen sollte? Nein, nein, die ganze Welt will ich nicht; dich allein begehre ich, nach dir verlangt mich. Gib mir dein heiliges Fleisch und Blut, und tue danach mit mir, was du willst.

Mein Kind, du gewinnst mein Herz. Aber sage mir weiter: Wenn ich dir also nun meinen Leib zur Speise reiche, wirst du mir wahrhaftig trauen, daß ich deine Seele als meine auserwählte Braut annehmen will? Daß ich dir ein sicheres Pfand der ewigen Seligkeit geben will, in der du mit mir und ich mit dir in immerwährender himmlischer Freude leben werde?

Antwort: Ja, ich vertraue, und das ist es, was ich ersehne.

Mein Kind, wolltest du nun nicht gern, daß du jetzt vor dieser heiligen Kommunion eine solche Andacht und Liebe empfändest wie meine Mutter, der heilige Johannes und alle meine Auserwählten sie je gehabt haben?

Antwort: O Gott, wer sollte mir solches geben? Das wäre wohl, was ich mehr als tausendmal begehrt habe.

3. Vom Pater noster bis zur heiligen Kommunion fragt dich JESUS von der Liebe

Mein Kind, wenn du nun alles hättest und Himmel und Erde dein eigen wären: wer sollte dann dein Allerliebster sein? Wem wolltest du dies alles schenken?

Antwort: O Gott und Herr, du sollst es sein. Dir wollte ich alles übergeben.

So merke ich wohl, du gönnst mir von Herzen und freust dich, daß ich Gott bin und meiner Macht und Herrlichkeit kein Ende ist?

Antwort: O Gott und Herr, sollte ich mich dessen nicht von Herzen erfreuen? Freuet euch mit mir, Erde und Himmel, Tiere und Menschen, Berg und Tal. Erfreuet euch, frohlocket und singt und springt, denn unser Gott ist unser Herr. Er wird nun unser Herr und Gott in Ewigkeit bleiben!

* * *

Eine andere Weise der Vorbereitung auf die heilige Kommunion

‹32› Zu Anfang der Messe nimm diesen Zettel zur Hand, betrachte folgende Punkte und darauf kommuniziere.

Erster Punkt

Mit geschlossenen Augen stell dir in Gedanken vor, du siehst eine sehr schöne, hell scheinende Sonne. Schau, wie sie ihre goldenen Strahlen weit und breit über den ganzen Erdkreis ausgießt, so daß alle Welt, Menschen und Vieh, Berg und Tal, Flecken und Städte, Meer und Erde überall beschienen werden.

Wenn du diesem Schauspiel ein wenig zugeschaut, so bedenke: das heilige Sakrament ist eine solche Sonne, die aller Menschen Herzen mit dem Licht der Gnade zu bescheinen vermag, wenn man sich nur nicht vor ihren Strahlen verbergen will.

Und wenn du dies ein wenig bedacht hast, so sprich mit deinem Mund oder mit dem Herzen:

O du allerheiligste Hostia! Du auserwählte schöne goldene Sonne! Siehe da, ich armes Erdenwürmlein komme zu dir. Erleuchte nun die Finsternis meiner Seele!

Zweiter Punkt

Stell dir einen schönen Brunnen vor, der sehr lieblich springt, wie du wohl jemals einen gesehen haben magst, und dann einen Hirsch, der zu diesem Brunnen eilt.

Danach bedenke: das heilige Sakrament ist ein solcher Brunnen, weil es in sich schließt Christus den Gekreuzigten, dessen fünf Wunden du anschauen und ein wenig bedenken sollst, wie sie so herrlich springen.[28] Und dann sollst du dein Gemüt erwecken, daß du gleich einem Hirsch dazu eilen willst.

Und wenn du das ein wenig bedacht hast, so sprich also:

[28] Das Titelblatt der Pariser Handschrift des »Güldenen Tugend-Buches« stellt Christus mit den fünf Wunden dar, aus denen die Wasser des Brunnens fließen.

O du allerheiligste Hostia, du wahrer Brunnen des lebendigen Wassers, welches du unter deine Geliebten austeilst von den Brunnquellen deiner heiligen fünf Wunden. Nun bitte ich dich: gib mir doch einmal so satt zu trinken und erfülle mich so, daß mich in Ewigkeit nach keiner irdischen Lust mehr dürste!

Dritter Punkt

Stell dir vor, du siehst, wie das trockene Erdreich im Sommer, wenn es etliche Wochen ganz heiß gewesen ist und nicht geregnet hat, allenthalben aufreißt und sich nach Regen sehnt. Nun siehst du, wie darauf ein herrlicher sanfter Regen vom Himmel fällt und die Erde weit und breit überreich tränkt und so wiederum erquickt.

Dann bedenke: du und alle Menschen sind eine solche Erde, und das heilige Sakrament ist ein solcher ersehnter liebreicher Regen.

Wenn du das ein wenig bedacht hast, so seufze und sprich also:

O du allerheiligste Hostia, du lang begehrter himmlischer Regen: höre nicht auf zu regnen mit den Wassern der göttlichen Liebe, daß doch alle trockenen und ausgedörrten Herzen der Menschenkinder bis auf den Grund benetzt und befeuchtet werden.

* * *

Vom Gebrauch des folgenden Registers

‹33› Ehe ich dieses Register hierher setze, will ich den andächtigen Leser von dem Gebrauch desselben unterrichten: damit er weiß, wozu es vornehmlich gedacht ist und wozu es ihm dienen kann.

Man findet fromme Seelen, welche entweder täglich oder doch oft in der Messe, wenn der Priester die Lektion oder Epistel liest, mit den Ohren des Herzens aufzumerken pflegen, was für eine Lektion oder welches gute Werk ihnen der Heilige Geist in den Sinn gibt, damit sie es am selben Tag üben. Und darum, damit es solchen Kindern an unterschiedlichen Beispielen vieler guter Werke nicht mangele, von denen sie sich einmal dieses, dann jenes nach Gelegenheit und Eifer vornehmen mögen, habe ich ihnen einmal ein solches Register versprochen, das sie nach ihrem Belieben gebrauchen mögen.

Es geschieht auch sonst, daß jemand etwa der Gedanke überfällt, etwas Gutes zu tun, weiß aber nicht gleich, was er eigentlich im besonderen tun soll. Dann nehme er diese Tafel zur Hand, und mit abgewendetem Gesicht deute er mit einer Feder oder einem kleinen Messer darauf, und welche Zahl er dann trifft, da nehme er dasjenige Werk, das mit dieser Zahl im Register verzeichnet ist, und verrichte es, das ihm das Glück zugedacht hat. Sollte es ihm aber vielleicht nicht bequem[29] sein, so nehme er das nächstfolgende, das ihm am passendsten zu sein scheint.

29 angemessen.

5	33	10	51	34	52	26	59	21	62	13	6	42	9	63	16	30	64	43	48	58	29	15	7
23	41	65	31	54	60	61	32	55	12	3	77	56	72	84	2	79	27	8	70	14	75	47	28
11	40	25	53	67	88	76	17	89	44	50	78	83	90	85	69	91	80	87	73	68	57	46	22
4	24	66	96	35	18	95	1	19	94	20	100	49	82	93	98	97	99	86	74	92	81	71	45
37	104	112	136	128	120	129	105	138	38	113	125	106	131	36	117	103	132	126	39	114	116	101	109
110	121	123	111	137	141	144	119	140	122	139		130	142	118	143	135	107	133	127	102	134	108	115

So kann auch nach dem gemeinsamen Essen, wenn man sich an Spielen und kurzweiligen Dingen erfreut, eine fromme Seele die andere anregen, auf die besagte Weise ein gutes Werk aus dem Register auszuwählen. Man kann auch festlegen, das jemand, der beim Spiel verlieren sollte, ein solches Werk verrichtet, auf das er im Register trifft, oder aber ein folgendes, das ihm angemessen ist.

Dieses Register kann auch dazu dienen, daß man es zuweilen in einer großen Gesellschaft ganz vorliest, nachdem man die Zuhörer vorher angeregt hat, jeder möchte sich insgeheim nach seinen Möglichkeiten ein oder zwei Stücklein daraus auswählen, um sie nachher daheim zu verrichten. Dann kann ohne Zweifel viel Gutes dadurch geschehen.

Es folgt das Register[30]

1. Wie, wenn ich heute diesem oder jenem Armen ein Almosen gäbe?

2. Habe ich wohl je einen armen Kranken um Gottes willen besucht? Dürfte ich vor Gottes Angesicht

[30] Im folgenden werden die Anregungen 1-25 vollständig, die restlichen in Auswahl angeführt. Den Hintergrund vieler Anregungen bilden die sogenannten leiblichen und geistlichen Werke der Barmherzigkeit, die auf die Gerichtsrede Jesu Mt 25,35-40 zurückgehen.

kommen und solches nie getan haben? Nun will ich bei erster Gelegenheit tun, was ich bisher versäumt habe.

3. Habe ich wohl je in meinem Leben einem Kranken um Gottes willen gedient, bei ihm eine Nacht oder zwei zugebracht? Nun will ich bei nächster Gelegenheit solches tun, denn die Vollkommenheit besteht in der Liebe.

4. Die heilige Elisabeth, geborene Königin von Ungarn und Landgräfin von Hessen, pflegte oft den armen Kranken in den Spitälern ihre Betten zu machen, die Füße zu waschen, sie zu reinigen, zu verbinden usw. Sollte ich nicht etwas dergleichen heimlich tun können?

5. Sollte ich nicht irgendwo einem Kranken oder Verwundeten einen Gefallen tun können, ihn besuchen, mit einem lustigen Gespräch erfreuen, ihm etwas Lustiges schicken, leihen, verschaffen, daß er sich daran erfreue?

6. Bin ich jemals Gott zu Ehren beim Begräbnis eines armen Menschen mitgegangen? Es soll noch geschehen.

7. Habe ich wohl je mein Leben lang einen Nackten um Christi willen bekleidet, wenn ich so reich war, daß ich es konnte?

8. Habe ich diese Woche einen Durstigen getränkt, einen Hungrigen gespeist? Es soll noch heute oder morgen geschehen.

9. Wie, wenn ich am nächsten Feiertag einmal um die Stadt innerhalb der Mauern spazieren ginge, ob ich da vielleicht Arme oder Kranke fände, denen ich Trost und Hilfe leisten könnte?

10. Habe ich jemals einen Vertriebenen oder Frem-

den Christus zu Ehren in meinem so stattlichen Haus beherbergt?

11. Wenn ich ein leerstehendes Häuslein habe, das ich nicht brauche: warum lasse ich nicht einen armen Menschen umsonst darin wohnen? Warum vermiete ich es nicht Gott dem Herrn und versuche einmal, ob ich mit ihm wuchern kann. Es steht zu bedenken.

12. Habe ich je einen Gefangenen erlöst oder begehrt, ihn zu erlösen? Oder ihn sonst erquickt, ihm etwas Gutes getan, aus christlichem Mitleiden? Steht nicht im Evangelium, daß diese Punkte an jenem Tag examiniert werden? Wie werde ich bestehen?

13. Es wäre wohl nicht schlecht, wenn ich heute oder am nächsten Feiertag einen Korb voll Weißbrot kaufte, zum Spital ginge und jedem Kranken etwas brächte.

14. Sankt Elisabeth, Königin von Ungarn, pflegte den Armen zu Zeiten ihre Kleider zu flicken. Dies tat eine geborene Königin; was hast du je dergleichen getan?

15. Sankt Birgitta nahm ihre Töchter mit in die Spitäler zu den Kranken, damit sie sich von Jugend auf daran gewöhnen sollten, Barmherzigkeit zu üben. So will ich es auch tun.

16. Sankt Radegundis, Königin von Frankreich, pflegte zu Zeiten die armen Kinder zu waschen, zu kämmen und zu reinigen. O Gott, diese große Fürstin ist viel demütiger gewesen als ich.

17. Ich bin über die Maßen reich und habe keine Kinder: wie, wenn ich dieses oder jene arme Kind als meinen Sohn oder meine Tochter annehmen würde, um Christi willen?

18. Wie, wenn ich diese oder jene arme Witwe zu mir nähme oder ihr sonstwie Unterhalt verschaffte?

19. Wie, wenn ich diese oder jene arme Tochter zur Heirat aussteuern würde, weil ich es wohl kann? Weiß ich nicht, was Sankt Nikolaus täte?

20. Wie, wenn ich diese oder jene Armen, die an solches nie denken können, in meinem Testament zu Erben einsetzen würde? Wie würden sie Gott loben! Wäre das nicht dem Evangelium gemäß?

21. Wie, wenn ich heute einem oder mehreren Studenten für dieses Jahr Bücher oder Papier bezahlen würde? Was könnte es mir schaden?

22. Mein Herr JESUS hat gewollt, daß man solche Gäste einladen soll, die einen selbst nicht wieder einladen können. Wieviel Gastmähler habe ich mein Leben lang, ja dieses Jahr gehalten? Und niemals solche? Wo ist das heilige Evangelium? Wahrlich, es scheint, daß wir das Wort Gottes unter die Bank getreten haben.

23. Mein Herr JESUS sagt, man solle leihen und nichts dafür erhoffen: habe ich wohl jemals – da ich jemand wußte, der in Not war – ihm Geld oder anderes vorgestreckt ohne Zinsen? Nun wohlan, es soll noch geschehen. O Gott, wo ist dein heiliges Wort? Wo ist dein Evangelium?

24. Ich weiß jemand, der in Nöten ist: nun will ich ihm helfen, so gut ich kann, durch mich oder andere, durch Tat oder Rat. Und will überlegen, wie.

25. Sankt Franziskus hat vor Gott ein Gelübde gemacht, daß er keinen Armen, der ihn um Gottes willen bitten würde, ohne eine Gabe gehen lassen wolle, so lange er lebe. Wie, wenn ich nun auch für nur eine Woche oder zwei solches geloben würde? Besonders, weil auch Christus geraten hat, niemandem etwas abzuschlagen.

30. Was wollte es mir schaden, wenn ich einem Schulmeister sagen würde, er solle mir jeden Freitag und Mittwoch einen bedürftigen Studenten schicken, den ich dann mit meinem Gesinde mittags essen ließe? Ich kenne solche, die das zu tun pflegen.

40. Mein Herr Christus hat befohlen, daß man für seine Feinde beten soll. Nun wohlan, das will ich noch heute tun, ehe die Nacht kommt.

60. Sollte es nicht gut sein, wenn ich mir vornehme, diese ganze Woche jeden Tag in einem geistlichen Buch ein Viertelstündlein zu lesen? Wohlan, es soll geschehen.

87. Ich habe noch einen Feind oder einen, den ich beleidigt habe. Ich will mich mit ihm versöhnen. Ich kann es durch vermittelnde Personen versuchen. Christus hat es gewollt. Man muß ja Gottes Wort gehorchen.

93. Wie, wenn ich Gott dem Allmächtigen meine Keuschheit geloben würde, für einen oder zwei oder drei Monate? Denn ewige Keuschheit geloben ist nicht für jedermann, noch soll es ohne reifen Rat und Zustimmung eines sehr verständigen Beichtvaters geschehen.

96. O Gott, denke ich auch an die armen Gefangenen? Wie lange habe ich nichts in den Kerker geschickt an Essen oder Trinken oder Kohlen, Holz usw.?

144. Hast du wohl jemals den ganzen Psalter Davids gebetet? Ei, ich gebe dir vierzehn Tage Zeit dazu. Versuche es einmal und denke, du betest ihn mit dem König David. Bete nur einige Psalmen auf einmal, und dann fahre fort zu einer anderen Zeit.

* * *

‹34› Der Leser gebrauche und übe, was ihm gefällt, und lobe Gott vom Himmel, dem alle Ehre, Lob und Preis gebührt von Ewigkeit zu Ewigkeit und noch weiters.

Amen. Amen.

Stellenverzeichnis

Im folgenden wird nach den numierten Abschnitten dieses Bandes auf die historisch-kritische Ausgabe des Güldenen Tugend-Buches von Theo G.M. van Oorschot (Friedrich Spee, Sämtliche Schriften, Bd. 2, München 1968) verwiesen.

Allgemeine Unterrichtung

‹1›: 13-14
‹2›: 15-19
‹3›: 19-32

Erster Teil

‹4›: I,2 (39-43)
‹5›: I,3 (43-47)
‹6›: I,5 (53-54)
‹7›: I,6 (58-64)
‹8›: I,8 (72-74)
‹9›: I,9 (75-81)

Zweiter Teil

‹10›: II,1 (117-121)
‹11›: II,2 (121-124)
‹12›: II,3 (124-130)
‹13›: II,4 (130-137)
‹14›: II,17* (158-162)
‹15›: II,8 (162-176)
‹16›: II,17 (248-251)
‹17›: II,19 (254-255)

Dritter Teil

‹18›: III (269)
‹19›: III,7 (298-311)
‹20›: III,8 (316-321)
‹21›: III,25 (449-464)
‹22›: III,26 (472-473)
‹23›: III,9 (327-328)
‹24›: III,12 (347-352)
‹25›: III,13 (353-358)

‹26›: III,14 (358-359)
‹27›: III,15 (359-363)
‹28›: III,17 (369-380)
‹29›: III,18 (408-413)
‹30›: III,29 (483-498)
‹31›: III,32 (514-517)
‹32›: III,33 (517-521)
‹33›: III,30 (499-511)
‹34›: III,35 (526).

Werke von Friedrich Spee

Cautio Criminalis oder Rechtliches Bedenken wegen der Hexenprozesse. Erste vollständige deutsche Übersetzung von Joachim-Friedrich Ritter, Weimar 1939. Nachdruck dtv Bibliothek (6122), 5. Aufl., München 1987.

Güldenes Tugend-Buch. Hrsg. von Theo G.M. van Oorschot (Friedrich Spee, Sämtliche Schriften. Historisch-kritische Ausgabe, Bd. 2), München 1968.

Trutz-Nachtigall. Hrsg. von Theo G.M. van Oorschot (Friedrich Spee, Sämtliche Schriften. Historisch-kritische Ausgabe, Bd. 1), Bern 1985. – Im wissenschaftlichen Apparat gekürzte wohlfeile Ausgabe desselben Herausgebers: Reclams Universal-Bibliothek (2596/4), Stuttgart 1985.

Die anonymen Lieder vor 1623. Unter Mitarbeit von Theo G.M. van Oorschot hrsg. von Michael Härting (Philolog. Studien und Quellen, H. 63), Berlin 1979.

Mein Herz will ich dir schenken. Die schönsten Lieder von Friedrich Spee. Hrsg. von Dietmar Rost und Joseph Machalke, Paderborn 1985.

Ausgewählte Literatur über Friedrich Spee und das Güldene Tugend-Buch

Anton Arens, Friedrich Spee – Ein dramatisches Leben, Trier 1990.

Anton Arens (Hrsg.), Friedrich Spee im Licht der Wissenschaften (Quellen und Abhandlungen zur mittelrheinischen Kirchengeschichte, Bd. 49), Mainz 1984. (Mit umfassender Spee-Bibliographie von Franz Rudolf Reichert).

Anton Arens, Friedrich Spee und die »Jesuitinnen« von Köln. Zur Entstehungsgeschichte des Güldenen Tugend-Buches. In: Karl Hillenbrand/Medard Kehl (Hrsg.), Du führst mich hinaus ins Weite, Würzburg 1990, S. 405-436.

Italo Michele Battafarano (Hrsg.), Friedrich von Spee. Dichter, Theologe und Bekämpfer der Hexenprozesse, Trient 1988.

Emmy Rosenfeld, Friedrich Spee von Langenfeld. Eine Stimme in der Wüste (Forschungen und Quellen zur Sprach- und Kulturgeschichte der germanischen Völker, Neue Folge, Bd. 2), Berlin 1958.

Theo G.M. van Oorschot, Friedrich Spees Güldenes Tugend-Buch. Literarhistorische Abhandlung. II. Nijmegen 1968.